EU TENHO 44 ANOS, MAS MEU FILHO TEM 53!!!

STELLA MOLINAS TREVEZ

EU TENHO 44 ANOS, MAS MEU FILHO TEM 53!!!

LEMBRANÇAS DE UMA REENCARNAÇÃO

Tradução:
DENISE DE C. ROCHA DELELA

EDITORA PENSAMENTO
São Paulo

Título original: *I'm 44 years old, but my son is 53!!!*

Copyright © 2006 Stella Molinas Trevez
www.stellatrevez.com

Todos os direitos reservados. Nenhuma parte deste livro pode ser reproduzida ou usada de qualquer forma ou por qualquer meio, eletrônico ou mecânico, inclusive fotocópias, gravações ou sistema de armazenamento em banco de dados, sem permissão por escrito, exceto nos casos de trechos curtos citados em resenhas críticas ou artigos de revistas.

A Editora Pensamento-Cultrix Ltda. não se responsabiliza por eventuais mudanças ocorridas nos endereços convencionais ou eletrônicos citados neste livro.

Dados Internacionais de Catalogação na Publicação (CIP)
(Câmara Brasileira do Livro, SP, Brasil)

Trevez, Stella Molinas
Eu tenho 44 anos, mas meu filho tem 53!!! : lembranças de uma reencarnação / Stella Molinas Trevez ; tradução Denise de C. Rocha Delela. — São Paulo : Pensamento, 2007.

Título original: I'am 44 years old, but my son is 53 : a memoir of reincarnation
ISBN 978-85-315-1485-2

1. Espiritismo 2. Reencarnação - Biografia I. Trevez, Stella Molinas. II. Título.

06-9630   CDD-133.90135

Índices para catálogo sistemático:
1. Reencarnação : Lembranças : Espiritismo   133.90135

O primeiro número à esquerda indica a edição, ou reedição, desta obra. A primeira dezena à direita indica o ano em que esta edição, ou reedição, foi publicada.

Edição	Ano
1-2-3-4-5-6-7-8-9-10-11	07-08-09-10-11-12-13

Direitos de tradução para o Brasil
adquiridos com exclusividade pela
EDITORA PENSAMENTO-CULTRIX LTDA.
Rua Dr. Mário Vicente, 368 — 04270-000 — São Paulo, SP
Fone: 6166-9000 — Fax: 6166-9008
E-mail: pensamento@cultrix.com.br
http://www.pensamento-cultrix.com.br
que se reserva a propriedade literária desta tradução.

ESTA É UMA
HISTÓRIA REAL,
VIVIDA PELA
PRÓPRIA AUTORA.

PARA O MEU QUERIDO PAI.

12 DE MARÇO DE 2000

Enquanto acompanhávamos os guarda-costas do rabino até a sala de espera, eu contemplava com curiosidade o ambiente à minha volta. Passamos por uma grande porta entalhada e atravessamos uma passagem estreita, até chegar a uma sala de visitas. Os guarda-costas se retiraram assim que nos sentamos. Até ali eu me sentira calma, mas bastou atravessar a soleira da porta para que toda a minha autoconfiança se desvanecesse. Eu parecia uma estudante assustada esperando para ser repreendida.

As cortinas verde-claras combinavam perfeitamente com os gerânios cor-de-rosa das floreiras nas janelas. Embora toda a sala estivesse banhada pela luz do sol, eu estava com frio e não conseguia me aquecer. O tique-taque do antigo relógio de parede, as batidas do meu coração, o tremor quase imperceptível dos meus joelhos compunham um estranho coro.

De repente, me lembrei de que eu também estivera tremendo no aeroporto. Para mim, tinha sido natural sentir frio ali. Vestindo *jeans*, que eu adorava, e uma camiseta fininha, como eu esperava ficar protegida do frio enregelante do ar condicionado? Sim, tinha sido natural eu sentir frio no aeroporto. Mas e agora que eu estava ao lado da minha prima, que reclamava do calor? Eu estava apavorada. As minhas mãos estavam frias como gelo e havia tantas dúvidas na minha cabeça que eu não saberia nem identificar todas elas.

Será que se eu estendesse as mãos através das cortinas, na direção do sol lá fora, eu conseguiria aquecê-las? Será que eu deixaria de sentir o meu coração saindo pela boca? Ou será que esse ancião adorável e encantador que eu encontraria em instantes e considerava o meu salvador diria que o caos em que eu vivia há anos chegaria ao fim? Isso aqueceria o meu corpo?

Ancião adorável e encantador! Mesmo que ele fosse uma celebridade, eu saberia em breve se estava certa em chamar uma pessoa de 100 anos de ancião adorável. Contudo, ele certamente deveria ser adorável e encantador! Nunca me passou pela cabeça que pudesse haver na Terra uma criança feia ou um ancião que não fosse encantador! E especialmente *esse* ancião, que estava prestes a desvendar os mistérios da minha vida, assim como um médico diagnosticando a causa das experiências pelas quais passávamos havia anos e identificando-a como uma doença curável cujo tratamento ele prescreveria em doses mínimas, durante a vida inteira. Pensando em tudo isso, como alguém haveria de não se encantar com esse adorável ancião?

Uma jovem se aproximou de nós e perguntou:

"Poderia me passar as *mezuzahs*?"

Mezuzahs são as orações que todas as famílias judias mantêm em casa, nos umbrais das portas, para proteger e abençoar o lar. Eu havia trazido todas as *mezuzahs* da nossa casa a pedido do rabino, mas não tinha idéia da razão desse pedido. Eu era como um fantoche acostumado há muitos anos a ser comandado pelos médiuns.

Eu já estava habituada a seguir cegamente qualquer coisa que me dissessem e a procurar ajuda acreditando que a minha família e eu ficaríamos livres de todos os fenômenos sobrenaturais pelos quais vínhamos passando. Afinal, que diferença faria um médium a mais ou a menos?

Eu abri a bolsa para pegar as *mezuzahs*. De repente me ocorreu que a bolsa onde eu guardava o que para mim representava um tesouro seria tirada de mim apressadamente por uma moça que eu nem sequer conhecia. Essa jovem tinha cabelos pretos cacheados até a cintura, era alta e tinha um corpo bem-feito, assim como uma típica moça israelita. De súbito essa moça me trouxe muitos anos de volta à memória e a lembrança das experiências que eu tinha vivido nesse país no início dos anos de 1970.

Eu não tinha me esquecido do ano que havia me transformado no que sou e me ensinado muitas coisas: o significado da amizade verdadeira, como enfrentar as dificuldades, nunca desistir e sempre lutar contra as adversidades.

Eu já estava cansada de esperar. Minha prima lia uma revista ao meu lado e eu olhava pela janela o jardim lá fora. Lembrei-me do momento em que me despedi dos meus filhos. Os dois estavam tristes e preocupados porque eu viajaria sozinha. Uma viagem de poucos dias já era o bastante para nos entristecer. Éramos tão apegados uns aos outros que não conseguiríamos viver separados.

E o que dizer das minhas cachorras, Mandy e Blacky? Elas eram a minha vida e a melhor companhia que eu tinha. Na noite anterior, elas pareciam pressentir que eu estava de partida. Mandy entrou na minha mala enquanto eu a arrumava e ficou rebelde como se dissesse "Eu quero ir também!" Blacky pulou no meu colo e parecia implorar para que eu a levasse comigo.

A confusão de sentimentos me dava a sensação de que estava me preparando para uma viagem sem volta. Eu estava indo para Tel Aviv, o lugar onde eu tinha realizado os meus sonhos e passado os melhores dias da minha vida. Desta vez, contudo, a minha intenção não era acrescentar algo à minha vida, mas me livrar de algo.

Todas as ansiedades que eu tinha na bagagem estavam tão comprimidas e acondicionadas que, se alguém abrisse a minha mala por engano, não conseguiria mais fechá-la. Eu carregava uma grande bagagem, embora fosse ficar no país muito pouco tempo.

Quando abri a mala na casa da minha prima, todas as preocupações que eu havia trazido comigo simplesmente se desvaneceram. Era como se não importasse mais o quanto eu tinha me esforçado para me livrar delas; parecia que elas tinham se esforçado muito mais para se livrar de mim.

Nenhuma dessas preocupações pertencia a mim, era assim que eu me sentia. Elas só pareciam muito maiores porque se originavam em outra vida!

Eu tinha acabado de chegar em Tel Aviv e ainda não tinha nem me livrado do mal-estar causado pela mudança no fuso horário. Já tinha passado por um vôo bem ruim. Os problemas começaram tão logo chegamos ao aeroporto de Istambul. Enquanto o meu marido, Selim, tirava a bagagem do carro, um guarda começou a dizer que ele não podia estacionar ali e tinha de tirar o carro o quanto antes, embora houvesse muitos outros estacionados no meio-fio. Isso deixou Selim com raiva e só serviu para aumentar ainda mais a nossa tensão. Selim nunca conseguiu lidar muito bem com injustiças e mais uma vez coube a mim a tarefa de acalmá-lo.

O avião partiria em apenas uma hora. Embora eu tivesse pensado em dizer "Vamos despachar as malas e depois tomar alguma coisa", percebi que teríamos de enfrentar uma longa fila na lanchonete. Não havia necessidade de fazer o meu marido esperar até a hora do embarque. Eu insisti para que ele fosse embora e não chegasse atrasado no trabalho. Eu já tinha viajado muitas vezes sozinha para Israel desde criança e não haveria nenhum problema. Ao partir, Selim me abraçou forte, me beijou e disse, "Eu gostaria de poder viajar com você, querida. Eu gostaria de ter essa chance. Espero que me mande boas notícias. Telefone assim que possível e cuide-se bem". Fiquei olhando para ele enquanto se afastava.

Depois de uma espera cansativa numa fila aparentemente interminável, tive de enfrentar mais um contratempo por causa do funcionário da companhia aérea. Ele dizia que o meu passaporte estava prestes a vencer. Esse homem estava conspirando para me enlouquecer e os gritos que vinham do final da fila estavam me deixando mais estressada ainda. A criança birrenta e a mãe dela testavam a minha paciência. Eu já estava quase seguindo o impulso de esbofetear o homem que testava minha paciência e, agora, a mãe e o bebê! O amor que eu tinha pelas crianças, a paciência que eu considerava a minha maior virtude e todas as minhas outras qualidades tinham virado fumaça.

E agora o olhar desse homem que eu tinha de encarar. O que havia por trás desses olhares profundos? Por que ele me olhava tão intensamente? Será que me achava parecida com alguém que ele conhecia ou será que o caos que tomara conta do meu cérebro fazia com que a minha imaginação me pregasse peças? Nos últimos dias eu mal conseguia me reconhecer. Comecei até a ter medo das minhas próprias reações e movimentos. Não faltava muito para eu começar a ter medo de mim mesma.

Eu tentei pensar em outra coisa. Bem, em que eu ia pensar? No rabino que ia visitar dali a algumas horas? Esse rabino, que durante muitos anos tinha sido conselheiro de alguns dos homens mais importantes de Israel, diria depois de estudar o meu caso que cuidaria pessoalmente de mim, em vez de delegá-lo aos seus jovens discípulos? Ou ele diria que aquela era de fato uma boa história ou que a minha situação era tão especial que ele queria acompanhar o meu caso pessoalmente?

Agarrei com mais força ainda a bolsa onde estavam as minhas *mezuzahs*. Se ele queria vê-las, era óbvio que sabia de algo importante. Quem sabe poderia salvar a mim e a minha família de uma vida de caos?

A minha garganta estava seca. No aeroporto, ao sair para comprar uma garrafa de água, notei uma jovem na casa dos 20 anos numa cadeira de rodas, esperando para embarcar no avião. O seu rosto era belo como o de um anjo e ela tinha um ar inocente. Num outro dia eu teria parado para conversar um pouco com ela. Mas hoje não. Percebi que, apesar da deficiência, ela parecia sorrir para a vida. Eu não gostaria de passar nenhuma das minhas energias negativas para ela.

Quando ouvi a chamada pelo alto-falante, fui para o portão de embarque. Israel, para onde eu já tinha ido muitas vezes cheia de alegria e entusiasmo, era para onde eu ia agora com muita ansiedade e esperança.

Quando o avião levantou vôo, percebi que as minhas pálpebras começavam a pesar. Dormir e não pensar em mais nada... Isso era tudo o que eu queria.

"Chá? Café? O que a senhora prefere?"

Optei pelo café, sentindo-me levemente irritada com a aeromoça que perturbava o meu sono. Eu sabia que aqueles milhares de pensamentos fazendo fila para invadir o meu cérebro não me dariam trégua. Eu estava cansada de pensar e não encontrar nenhuma solução para os meus problemas.

O fato de eu ter decidido em dois dias que faria essa viagem, sem pedir uma folga no trabalho e correndo o risco de perder o emprego, deveu-se mais aos meus filhos do que a mim mesma. A última alternativa e esperança para mim era a possibilidade de essa pessoa iminente proteger os meus filhos e entender a razão da vida misteriosa que tínhamos vivido nos últimos anos.

Eu me lembrei das palavras de Ari, o médium israelita que havia me esclarecido durante muitas conversas telefônicas e visitas à Turquia, e que sabia dos meus problemas e me ajudava quando eu precisava: "Você precisa ser forte sempre, e não deixar que o medo derrote você. Quando sentir que não vai conseguir, mude de ambiente. Vá para outro lugar."

Eu sempre ouvia as recomendações dele atentamente e tentava segui-las da melhor maneira possível. Agora eu estava num avião e infelizmente não podia mudar de ambiente. Parece que a minha incapacidade de fazer qualquer coisa sem consultá-lo estava tirando algo da minha identidade. Apesar de tudo, eu não sabia o que seria de mim se não tivesse conhecido Ari muitos anos antes.

Por causa dos inacreditáveis acontecimentos que tínhamos vivido nos últimos dez anos, a nossa vida tinha simplesmente virado um caos. Os meus filhos e a minha mãe, em particular, tinham sido os mais atingidos pela situação. O meu marido tinha escapado do choque inicial dos primeiros anos, e no período seguinte ele pareceu ter se acostumado com os incidentes inacreditáveis que aconteciam à nossa volta. Na verdade, não só o meu marido mas todos nós estávamos começando a aceitar essa vida bizarra e vivendo num estado de total desespero; eu mesma, os meus filhos e até a minha mãe, que morava conosco porque era doente.

A minha irmã mais velha e as minhas sobrinhas, a quem eu tinha revelado o meu grande segredo, estavam começando a ficar apreensivas com a idéia de vir à minha casa. Às vezes elas faziam insinuações a respeito e outras vezes falavam claramente. Eu não poderia nem sequer pensar em não concordar com elas. Não queria que ninguém ficasse preocupado por causa dos meus problemas. Mesmo quando amigos dos meus filhos iam em casa, eu percebia as mesmas preocupações e ficava rezando para que nada acontecesse enquanto eles estivessem ali.

Eu não posso nem lembrar quantas noites passei em claro pensando, "Preciso fazer alguma coisa, preciso achar uma solução". O meu único alívio era saber que os incidentes inacreditáveis pelos quais estávamos passando não punham em risco a nossa vida. Nem mesmo o horrível incidente pelo qual a minha mãe e o meu filho, que dormiam em quartos separados, passaram na mesma noite e na mesma hora!

Enquanto a minha mãe e o meu filho Jeffrey explicavam o que tinha acontecido desde o início, eu os ouvia apavorada. Depois liguei chorando para Ari. Assim como em todas as outras vezes, a minha única esperança era ele. A resposta que ele me deu foi um verdadeiro choque para mim.

"Lamento muito, Stella. Não posso mais ajudar vocês; não tenho forças para isso. Esse último incidente é infelizmente algo que eu sempre temi. Deve haver uma solução. Tem de haver, Stella. Do contrário..."

"Do contrário o quê? O que aconteceria, Ari? Diga!"

A resposta de Ari me deixou totalmente desorientada, eu simplesmente desmoronei. Era como se um prédio inteiro tivesse ruído sobre mim. Eu estava agora tentando me livrar do peso absurdo sobre os meus ombros com as forças que ainda me restavam. O fato, que eu só tinha contado ao meu marido, deixava o meu coração em pedaços, e eu estava em completo desespero.

Depois dessa noite, Ari me disse que havia um famoso rabino em Israel que poderia me ajudar. Sem pensar duas vezes, resolvi viajar para Israel imediatamente.

"Vamos, querida, eles estão chamando."

Eu acordei com a voz de minha prima. Stella, que tinha o mesmo nome que eu, era uma das pessoas que eu mais amava neste mundo e era também um ídolo para mim. Na minha infância e adolescência, ela era a única pessoa que me servia de exemplo e a quem eu queria imitar. Apesar de ela morar em Israel havia muitos anos, nós nunca tínhamos nos distanciado uma da outra. A minha prima Stella, que eu respeitava muito pela maneira de encarar a vida e pelas suas idéias, estava sempre ao meu lado nos momentos mais difíceis da minha vida.

Quando entramos na sala onde o rabino nos aguardava, eu mal conseguia controlar o nervosismo. Assim que olhei para ele, constatei que não se parecia nem um pouco com o ancião adorável que eu tinha imaginado. Embora estivesse sentado, eu podia perceber que ele era um homem alto. A sua imponência, a pele escura e a longa barba davam-lhe uma aparência assustadora. Embora fosse bem mais espaçosa do que a sala de espera, a sala do rabino era sombria e deprimente. Na enorme escrivaninha desarrumada havia pilhas de papel – talvez informações sobre pessoas desesperadas como eu, esperando ajuda dessa pessoa eminente. Esse rabino tinha dedicado a vida à caridade e ajudava as pessoas sem pedir nada em troca. Embora tivesse uma aparência ligeiramente desagradável, ele me transmitia um forte sentimento de confiança e respeito.

Como se não tivesse notado a nossa presença, o rabino não nos deu atenção. Então, sem sequer levantar a cabeça, fez um gesto com a mão para que nos sentássemos. Sentadas ali em frente à escrivaninha do rabino, tentávamos não fazer nenhum barulho; só me preocupava que ouvissem as batidas descompassadas do meu coração.

"Você já passou por uma crise emocional?", ele perguntou.

Durante o período de um ano em que estudei em Israel, eu aprendi a falar muito bem o hebraico e concluí o curso como a segunda melhor aluna da classe. Mas como não usava a língua havia 29 anos, eu já tinha esquecido a maior parte do vocabulário e sentia dificuldade para entender o que a maioria das pessoas falava. A primeira pergunta do rabino foi uma prova disso: eu tinha certeza de que a pergunta que eu tinha entendido provavelmente significava outra coisa. Graças a Deus eu estava acompanhada de minha prima. Ela traduziria tudo para mim. Ou pelo menos era isso o que eu pensava.

A minha prima se virou para mim e disse,

"Stella, você não entendeu a pergunta? Ele perguntou se você já passou por uma crise emocional!"

Eu não podia acreditar que tinha entendido a pergunta corretamente. Que tipo de pergunta era aquela? Logo depois de um insípido olá, eu não estava esperando uma pergunta tão sem sentido. Ou será que os meus sentimentos estavam errados? Será que tinha sido um erro confiar nesse homem de cenho carregado?

"Não, eu nunca passei por nenhuma crise emocional", respondi, sem nem mesmo tentar esconder a minha perplexidade.

"Sim, você já passou", insistiu o rabino assentindo com a cabeça. "Eu posso ver que você passou por uma crise nestas terras muitos anos atrás."

Muitos anos atrás? Nestas terras?...

"Stella, tente se lembrar quando foi essa crise", pediu a minha prima.

Ambas nos lembrávamos do terrível incidente em que eu me envolvera muitos anos antes. Logo que entrei na escola em Israel, eu não consegui superar os boatos que haviam se espalhado pela escola de que eu fumava maconha. E como eu mal falava o hebraico, não pude me defender. O resultado foi um colapso nervoso. Poucas horas depois, descobriram que tudo não passava de uma mentira. Eu, no entanto, tive de passar dois dias internada no hospital em conseqüência do choque. A lembrança desse infeliz episódio da adolescência me preocupou.

É lógico que eu me lembrava, mas o que aquele senhor sabia sobre isso? Ao perceber que o papel que ele tinha na frente dos olhos era uma prece da *mezuzah* do meu quarto, fiquei mais surpresa ainda.

"O seu marido é um bom homem e você o ama muito", disse o rabino. "No entanto, ele é como uma criança pequena. Uma criança que espera atenção e afeto. Ele tem sérios problemas por causa dos altos e baixos na vida profissional.

"Atualmente, você e a sua família passam por dificuldades financeiras. Isso ainda vai continuar por algum tempo. Em poucos anos, uma porta inesperada se abrirá para vocês. Você é quem vai abrir essa porta. O dinheiro está na sua mão direita."

Era inacreditável que ele dissesse coisas tão corretas sobre o meu marido. Ele de fato era como uma criança que não queria crescer, cheio de amor e deslumbramento no coração. Era tão fácil deixá-lo feliz! Era

• *14* •

tão fácil convencê-lo quanto era cobrir os olhos de uma criancinha e surpreendê-la com um sorvete, um sorriso doce e um olhar amoroso. Ele também era um marido carinhoso, que nunca se negava a fazer sacrifícios pela mulher e pelos filhos. Os acontecimentos infelizes da sua vida profissional, as sociedades com as pessoas erradas e, é claro, os seus próprios erros levaram-no a passar por uma grande crise financeira.

O rabino, que falava num tom de voz confiante, não se incomodando nem mesmo em olhar para mim, estava provando a sua incomparável capacidade. Ele baixou a *mezuzah* que tinha nas mãos e pegou outra. Depois de examiná-la com uma lente de aumento, ele a colocou de volta no canto da escrivaninha e pegou uma terceira. Isso estava me deixando intrigada. A prece sobre a qual ele não fizera nenhum comentário pertenceria a qual cômodo? Eu gostaria de saber. Não ousaria perguntar, é claro, por isso continuei esperando, cheia de ansiedade.

"Você tem um filho de 18 anos."

Eu comecei a ficar arrepiada. A prece nas mãos do rabino era justamente do quarto do meu filho e ele estava falando dele. Eu sabia que acreditaria cegamente em tudo o que ele me dissesse. Falava de modo tão claro que era como se já soubesse a idade do meu filho.

Eu rezei, "Meu Deus, por favor, faça com que ele só fale coisas boas dos meus filhos".

"Esse jovem tem um mundo particular em que não deixa ninguém entrar", disse o rabino. "É extremamente sensível, emotivo e melindroso. Você se preocupa muito com esse aspecto da personalidade dele e vive angustiada por causa disso."

Desnecessário dizer, "Sim, é verdade". O rabino não estava olhando para mim e não esperava nenhuma aprovação da minha parte. Ele falava sem levantar a cabeça. Eu continuei aguardando as palavras que sairiam da boca dessa pessoa eminente. Não podia ver a cor dos olhos dele, no entanto achava que eram pretos.

"Você sabe que esse jovem vai ser uma pessoa muito bem-sucedida e ficará sempre ao seu lado, apoiando-a moral e materialmente?"

Fiquei emocionada e me esforcei para conter as lágrimas.

Essa foi a primeira vez que o rabino olhou nos meus olhos, o que aumentou ainda mais a minha agitação. Com esse caloroso olhar de expectativa, ele se tornou o ancião adorável que eu sempre tinha imaginado.

• 15 •

"Você sabe? Estou fazendo uma pergunta sobre o seu filho."

Pela primeira vez, ele esperava de mim uma resposta. Mas como eu podia dizer sim ou não a uma pergunta que eu não sabia responder? Então eu disse simplesmente que não sabia.

Depois de me fitar com um sorriso por um instante, ele concluiu o seu comentário sobre Jeffrey:

"Mas eu sei. O sucesso, a bondade e a dedicação a você farão dele um filho de quem você sempre terá orgulho."

Eu não consegui mais segurar as lágrimas. Era como se o meu choro levasse embora a viagem conturbada, os sentimentos ruins e tudo mais. Esse nobre homem estava me dizendo tudo o que uma mãe gostaria de ouvir sobre o filho, e tudo o que ele disse se tornaria realidade.

O que mais eu poderia querer? Eu me orgulhava do meu filho e sabia que tinha muita sorte em ser mãe dele. Eu sempre tive orgulho dos meus filhos, meus maiores amigos.

Agora era a vez do quarto do meu pequeno anjo, Jessica.

"Ela se incomoda muito com o fato de ser baixa", começou o rabino. "Peço que transmita uma mensagem à sua filha: a baixa estatura e o bom coração que ela tem atraem muitos olhares invejosos. Essa jovem será uma executiva de enorme sucesso no futuro. A vida prepara grandes surpresas para ela. Ela só precisa saber esperar."

Eu estava extasiada demais para falar. Embora fosse muito difícil para mim reprimir os sentimentos e viver uma vida feliz, eu estava a ponto de pular da cadeira e abraçar o rabino. Eu sentia uma gratidão imensa por Deus; e a minha prima, com os olhos úmidos e sorriso doce, sentia a mesma felicidade.

"A última *mezuzah* na minha mão é da porta da frente da sua casa", explicou o rabino. "Eu a examinei agora pouco, mas, como vi alguns problemas, resolvi deixá-la por último."

Nesse momento eu não consegui definir o que sentia. As palavras do rabino sobre os meus filhos ainda aqueciam o meu coração e eu estava radiante de alegria. Ele já tinha provado o seu poder ao falar do meu marido e dos meus filhos como se já os conhecesse pessoalmente, e por saber a respeito da crise de depressão que eu tinha sofrido 29 anos antes. Ele me transmitia uma grande confiança. Eu agora sabia que tinha problemas graves, mas também tinha certeza absoluta de que esse homem poderia me ajudar. Com esses sentimentos e o conforto que eles me davam, esperei com expectativa o que ele me diria em seguida.

"Antes de prosseguir, eu tenho de lhe dizer uma coisa", continuou o ancião. "Você precisa mudar a *mezuzah* da sua porta da frente. Ela não serve mais."

"Só a da porta da frente?", perguntei. "E as outras?"

"Não há nenhum problema com as outras. Para que a *mezuzah* surta efeito, as letras precisam ser escritas corretamente e por um rabino de fé inabalável. Isso é muito importante."

Não era preciso perguntar onde eu poderia encontrar um, pois a minha prima poderia me ajudar nessa tarefa. Embora fosse judia, eu ainda precisava saber muitas coisas. Desde a infância, embora eu seguisse os deveres das datas religiosas, o meu conhecimento da religião era limitado e a minha crença, insuficiente. Eu só tinha um grande Deus no coração cujo nome eu nunca parava de repetir e a quem eu era extremamente grata. Deus é o mesmo deus que dá vida a todos os seres vivos e eu tratava as criaturas vivas que ele criou como iguais e amava a todas igualmente.

"Desde que entrou na sala, eu percebi como você está tensa e nervosa", continuou o rabino. "Considerando tudo o que tem vivido nestes últimos dez anos, não é difícil entender. Você é uma mulher muito forte e essa força que você tem está mantendo a família forte. Mas, para ser franco, você tem pela frente uma tarefa das mais difíceis."

O que ele queria dizer? Será que também não era capaz de encontrar uma solução para o meu problema?

Eu não conseguia articular uma palavra e o meu coração parecia querer sair pela boca. Eu estava até encontrando dificuldade para falar em turco. Quando consegui enfim explicar os meus temores num hebraico rudimentar, a resposta que obtive me causou um certo alívio:

"Só a morte não tem solução. Fique calma e me ouça. Primeiro vou lhe fazer uma pergunta. Eu quero que você volte muitos anos no passado. A viagem que você teve de fazer com o seu pai. Pense bem e tente se lembrar. Porque eu creio que uma situação que você viveu nessa viagem tenha uma ligação com os acontecimentos que está vivendo agora."

Sem hesitar nem por um instante, respondi:

"Claro que me lembro! Foi no verão em que concluí o primário. Fiz uma viagem à Europa com a minha mãe e o meu pai, agora já falecido. Israel, Inglaterra, Itália e a última parada foi a França. No primeiro dia que passamos em Paris, a minha mãe ficou no hotel porque não estava se sentindo bem. Eu fui fazer um passeio pela cidade com o meu pai. Nesse dia aconteceu algo muito interessante. Eu acho que o senhor está se referindo a isso."

"Exato", confirmou o rabino, em voz baixa. "Por favor, continue."

Eu fiz o que o rabino pediu e comecei a explicar o estranho episódio.

Foi um dia que eu nunca esqueci: O Museu do Louvre e especialmente a Torre Eiffel foram as atrações que mais me impressionaram. Passear a pé pelas largas avenidas de Paris, apreciando o brilho das vitrines na Champs Élysées foi o mais agradável. Na realidade, além de ter gostado de Paris, eu tive um sentimento que não consegui identificar. Era como se uma parte de mim pertencesse àquele lugar. Ou como se algo de Paris estivesse esquecido dentro de mim!

O Sol se pôs e era hora de voltar para o hotel. Quando o meu pai disse que precisávamos pegar um táxi para voltar, eu insisti para que caminhássemos mais um pouco. Era como se algo naquelas ruas me atraísse e eu estivesse tentando reconhecer cada canto daquele bairro.

De repente, sem nem perceber o que estava acontecendo, eu simplesmente estanquei e me virei lentamente para o meu pai.

"Papai", eu disse em voz baixa, "conheço este lugar."

O meu pai olhou para mim entre confuso e desconfiado.

"Não, minha filha, você não pode conhecer. É a primeira vez que passamos por esta rua."

"Papai, acredite, eu já vi esta rua antes", insisti. "Tenho certeza! Se virarmos à direita no final desta rua vamos ver uma estátua. Tenho certeza, papai. Eu já passei por esta rua antes."

Eu estava apavorada com as minhas próprias palavras e gostaria muito de estar enganada. O meu pai sorria para mim com ar de completa descrença. De repente eu larguei da mão dele e corri para a estátua que eu tinha certeza de que estava ali. Quando cheguei no final da rua e vi a estátua, fiquei assombrada. Virei para trás e olhei o meu pai.

Quando ele veio em meu encalço, eu pude ver o estranho olhar em seu rosto. Eu me lembro de ter dado meia-volta e olhado para a estátua outra vez. Eu queria ter certeza de que não era a minha imaginação. Comecei a tremer de medo. Tive um sobressalto ao ouvir a voz do meu pai dizendo, "Não pode ser".

Ele também me olhava nos olhos com a mesma perplexidade. Eu tinha só 11 anos e a incapacidade que sentia de dar um significado a tudo aquilo era natural. Até esse dia eu pensava que não havia nada que o meu pai não soubesse ou não pudesse responder. Quando eu perguntei a ele como era possível que eu soubesse da estátua, a resposta que me deu não me satisfez nem um pouco.

O meu pai disse, "Não tenha medo, minha filha. É só uma coincidência, o que mais pode ser?"

Nós dois ficamos em silêncio. Dentro do táxi, a caminho do hotel, nenhum de nós fez qualquer comentário a respeito, embora nós dois soubéssemos que não se tratava de uma coincidência.

Quando terminei a minha história, o rabino continuou a examinar em silêncio a *mezuzah* à sua frente. Recordar esse incidente que tinha sido varrido da minha mente muitos anos antes e contá-lo em detalhes foi uma experiência exaustiva para mim. O que ele teria a ver com a nossa vida atual? A minha garganta estava seca e eu me sentia esgotada. Voltei-me para a minha prima e disse, "Eu gostaria de tomar um pouco de água".

O rabino continuou, "Você disse que naquela época era pequena. Bem, e mais tarde? Depois que ficou mais velha, você conseguiu encontrar um sentido em tudo isso?"

"Não", respondi, balançando a cabeça. "Na verdade, eu tinha quase me esquecido desse episódio. Não me lembrei dele por anos."

"A pessoa nunca esquece certas coisas especiais que acontecem na vida dela", replicou o rabino. "Ela a registra numa parte específica do cérebro, finge que a esqueceu, mas só engana a si mesma. Agora há pouco, quando você estava contando a sua história nos mínimos detalhes, eu pude sentir a sua emoção. Você ficou empolgada outra vez, como se aquilo não tivesse acontecido 33 anos atrás."

Eu estava me sentindo muito mal. Não tinha forças nem para perguntar o que ele queria dizer com tudo aquilo e fazer as perguntas que tinha na cabeça. Também não notei que a minha prima, que se mantivera em silêncio até o momento, tinha começado a falar com o rabino. Só quando tomei a água do copo em minha mão foi que comecei a ouvir o que eles diziam.

"Levando em consideração todas essas coisas que você viveu", dizia o rabino. "É impossível não ver que você é uma mulher muito forte. Outra pessoa no seu lugar estaria num estado espiritual muito pior."

"E não é só isso", disse a minha prima. "O marido, os filhos e a mãe dela também estão passando pela mesma experiência. Os filhos são muito jovens, a mãe já é idosa. Estou preocupada com todos eles."

"Como eu disse, a força dessa mulher está protegendo a todos. Apesar de todos verem e viverem esses incidentes na mesma casa, esta mulher consegue manter os filhos afastados de todos esses medos. Eu não estou dizendo que os filhos dela não fiquem com medo no momento que as coisas acontecem. O interessante é que a saúde deles não foi afetada. Eu posso ver que eles estão perfeitamente bem."

Eu ouvia a conversa entre os dois com a respiração suspensa. Quando o rabino acabou de falar com a minha prima, voltou-se para mim.

"'Por que eu?'", o rabino perguntou, deixando-me ainda mais surpresa. "'Por que essas coisas estão acontecendo na minha vida?' Eu tenho certeza de que você já se fez essas perguntas milhares de vezes. Mas você só perguntou, nunca se esforçou para achar uma resposta. Eu acho que fugir e tentar esquecer foi mais fácil para você. Mas eu quero que você pare de fugir, pense e me dê uma resposta. Por que você?"

Ai, meu Deus, que tipo de pergunta era essa? Eu não conseguia compreender. Eu já estava de cabeça cheia! Bem no momento em que estava tentando esvaziá-la, eu sentia como se quisessem deixá-la mais cheia ainda. Não, não havia mais espaço dentro da minha cabeça. Ela estava tão cheia que eu não conseguia entender nem a pergunta mais básica.

Nesse momento, eu me sentia como uma casa habitada durante anos. Ao longo do tempo, novos móveis continuaram a chegar. Mas velhas lembranças, acumuladas ali para serem descartadas mais tarde, não puderam deixar a minha vida. E, anos depois, quando a porta da despensa foi aberta, todas essas lembranças acumuladas desabaram em cima de mim. Agora não há mais espaço na despensa ou na casa para guardar mais nada. O momento de limpar a casa já tinha passado há muito tempo. Mas por onde começar? Todas essas lembranças fazem parte de mim. Eu estou em todas elas. Eu e aquele passado imenso, cheio de lembranças.

Se eu soubesse a resposta, será que estaria ali?

Eu tinha ânsia de gritar: "Por favor, o senhor me diga! Como eu posso saber?", mas só consegui dizer, "Não sei, realmente não sei".

Depois de ficar em silêncio por alguns instantes, o eminente rabino disse algo que me derrubou:

"Tudo isso", ele disse, dirigindo o olhar para mim, "está vindo de você!"

1

1º DE MARÇO DE 1984

Aquela não passava de outra segunda-feira como todas as outras. A casa estava suja depois do final de semana e havia muito trabalho a fazer.

Eu pensava, "Por onde devo começar?" Se deixasse para passar a roupa uma outra hora e só desse uma limpadinha na casa, só ficaria faltando o almoço. Isso não seria problema. Se eu fizesse algo para acompanhar as sobras do fim de semana, mais uma salada, estava ótimo.

Depois de limpar a casa, só me restou tempo para diminuir um pouco a pilha de roupas para passar. De qualquer maneira, as mais importantes eram as camisas de Selim. Mas eu sabia que ele não ficaria zangado se eu não as passasse. Selim nunca ficava zangado com nada que eu fizesse ou deixasse de fazer. Ele era compreensivo e uma pessoa extremamente bondosa. Era como se a felicidade dele fosse a minha felicidade.

Naquela manhã, a minha filhinha não queria ir à escola com a desculpa de que estava com dor de barriga. Eu também não queria que ela pensasse que eu tinha acreditado naquela mentirinha. Ela precisava saber que eu era tão esperta quanto ela, pois essa seria sua primeira lição de honestidade.

"Se você diz que não quer ir, tudo bem, bonequinha. Mas nunca minta para a mamãe, porque senão eu não farei vistas grossas para esse seu pequeno capricho e farei você ir à escola. A coisa mais importante que eu peço a você e ao seu irmão é que sejam sinceros conosco."

Meio envergonhada, ela cobriu a cabeça com o travesseiro.

Essa atmosfera tensa não era para mim. Deixei de lado o papel de mãe e reassumi o meu jeito travesso, mais natural. Enquanto estava brincando e abraçando a minha filha, eu não tinha por que esconder que não queria que ela fosse à escola, mas ficasse em casa comigo, o que me deixaria muito feliz. Eu nunca conseguiria esconder isso dela, nem mesmo se quisesse.

Nunca consegui esconder os meus sentimentos. Quem sabe? Talvez eu não quisesse esconder isso de ninguém. Como eu sempre vivia o meu entusiasmo e as minhas alegrias abertamente, também era capaz de viver as minhas dores e infelicidades sem escondê-las das pessoas que considero amigas, e isso me transformou no que sou hoje. Eu não seria capaz de me comportar como outra pessoa que não fosse eu mesma!

Eu nunca quis viver para os outros, pensar como eles e ser uma Stella diferente. Sendo assim, com exceção da minha família e dos meus amigos de verdade, eu nunca dei importância ao que as pessoas pensavam de mim.

Com o meu marido e os meus filhos eu tinha um mundo pequeno mas gigantesco para mim. O meu maior desejo era vê-los felizes. Os meus filhos, principalmente, tinham de ser felizes, muito felizes!

Não havia nada que eu não fizesse para que eles fossem felizes. Eu não ia deixar que os meus filhos tivessem uma infância infeliz assim como eu. Essa era a promessa que eu tinha feito a mim mesma, e essa era também a promessa que eu fizera a mim mesma na infância. Os meus filhos iam viver num lar feliz e confortável. Eles teriam um pai e uma mãe que se amassem e que para sempre se amariam. Quando um dia eles se casassem e formassem a sua própria família, eles poderiam falar sobre a infância e a adolescência com um sorriso no rosto. Eles nunca viveriam o que eu tinha vivido!

Eu nasci em Istambul em 1956. A minha irmã era cinco anos mais velha do que eu. Eu vivi todas as vantagens e desvantagens de ser a segunda filha da família. Como acontece em todas as famílias, a minha mãe e, principalmente, o meu pai colocavam todos os seus princípios em prática com a minha irmã mais velha, como se ela fosse uma cobaia. O meu pai, que cultivava todos os ideais conservadores das gerações passadas – da maneira mais extremada possível –, e o seu conceito do que era uma menina virtuosa fizeram com que a minha irmã se casasse com um homem que ela mal conhecia, numa idade em que ela não sabia a diferença entre o bem e o mal. O resultado foi um casamento infeliz.

Nessa época eles nem se davam conta de que eu já tinha deixado de ser criança e era uma adolescente. Eu ainda era a filhinha deles. Contudo, a incompatibilidade que havia no casamento dos meus pais e o casamento infeliz de minha irmã já tinham sido suficientes para que eu amadurecesse.

O meu pai, apesar do jeito autoritário, era um homem generoso e de bom coração. Ele foi o meu grande amor. Eu realmente o adorava. Era totalmente devotado a mim e à minha irmã. Eu costumava esperar os fins de semana com expectativa. Todo sábado ele costumava fazer um programa diferente só para mim. E, todo sábado, nos levava para almoçar. O meu pai era doce e caloroso. Eu tinha verdadeiro pavor de perdê-lo! Enquanto esperava na janela a sua volta toda noite às sete horas, eu sempre sentia o mesmo medo: e se ele não voltasse para casa?

O meu pai e a minha mãe se apaixonaram e então se casaram. O temperamento forte e as atitudes feministas de minha mãe fizeram com que o meu pai se distanciasse dela ao longo dos anos. Eles se tornaram duas pessoas que não se toleravam a ponto de não quererem se ver mais. Não havia mais nenhum resquício da atmosfera calorosa de uma família e do amor que deve existir num lar. Deteriorado, o casamento deles caminhava para um fim inevitável.

Eu não me lembro de tê-los visto brigar em voz alta. A expressão contrariada de minha mãe ou o seu olhar acusador era suficiente para que o meu pai saísse de casa. Às vezes eu tinha de esperar dias ou até semanas para que ele voltasse, sem saber a razão que o fizera ir embora ou se ele voltaria ou não. Lamentando a vida que eu levava, lamentando o fato de ter nascido naquela família, eu esperava por ele.

E quando ele voltava... Ah, Deus, mesmo hoje ainda posso sentir tudo o que eu sentia naquela hora. Sentimentos que só se pode sentir, nunca explicar com palavras. É como se o meu coração fosse parar; mas, mesmo que parasse, não importava mais. Era assim que eu me sentia, esses eram os sentimentos que eu costumava ter quando o meu pai voltava. Até o momento em que ele ia embora outra vez!

Como o meu pai era um homem abastado e uma pessoa maravilhosa, e a minha mãe excessivamente dedicada a mim, eu vivia rodeada de um luxo com que a maioria das pessoas nem sequer pode sonhar. Eu tinha tudo o que queria e um pouco mais. Sempre tínhamos o carro último tipo, um motorista particular, uma criada e um criado. Mesmo em meio a toda essa opulência, os meus pais ensinavam a mim e à minha irmã o significado maior da palavra respeito. Todas essas pessoas eram pessoas antes de mais nada. E como todo mundo, elas também mereciam respeito.

O dinheiro nunca nos estragou. Até o menor presente nos deixava imensamente felizes e era razão para agradecermos centenas de vezes aos nossos pais. Talvez pelo fato de ter tudo, a coisa que eu mais invejei a vida inteira foi um lar feliz e casais que se amassem.

O relacionamento próximo dos pais dos meus amigos costumava me incomodar e geralmente o meu impulso era fugir desse tipo de ambiente. Mais tarde, cheia de culpa, eu não conseguia nem olhar no rosto dos meus amigos e sentia o coração oprimido. Na realidade, eu me sentia feliz com a felicidade deles; mas, por não conseguir a mesma felicidade e paz de espírito na minha casa, quando via isso em outros lares eu me sentia realmente incomodada.

A casa da minha tia era o lugar em que eu costumava me sentir mais feliz. Ela era a tia mais doce deste mundo. O marido dela, que era como um pai para mim, e os meus primos, Stella e Hayim, eram o meu verdadeiro lar.

Com os meus filhos a situação era outra. Para eles, o verdadeiro lar era a nossa casa. Nós sentíamos felicidade e paz de espírito quando estávamos juntos. O meu maior sonho e as minhas preces se realizaram com a chegada de Selim e com tudo o que ele acrescentou à minha vida. O meu marido e os meus filhos, que eu amo acima de tudo, são o que eu mais ansiei durante vinte anos: um lar acolhedor e cheio de carinho.

Um novo período se iniciou na minha vida. Nessa época, graças à recomendação de Ida, uma de minhas melhores amigas e de algumas outras, começamos a ter aulas de bridge. Tínhamos duas horas de aula toda quarta-feira. O senhor Semih, um dos melhores professores de Istambul, começou a nos ensinar a partir do zero e disse que, com o tempo, nos tornaríamos excelentes jogadoras. Para nos motivar, ele repetia isso o tempo todo. Nas primeiras semanas foi difícil nos acostumarmos a esse ambiente. Todas nós tínhamos começado as aulas apenas para preencher o tempo livre. Mas a rigidez e a atitude autoritária do senhor Semih nos assustaram. Costumávamos nos preparar para a aula como se fôssemos fazer um exame na escola.

Com o tempo, esse jogo passou a fazer parte da nossa vida. Eu e Ida costumávamos conversar sobre bridge ao telefone até a meia-noite. Passados alguns meses, o senhor Semih percebeu que a nossa consciência tinha mudado e começou a passar mais tempo conosco.

Ele costumava avaliar o nosso desenvolvimento organizando partidas de bridge em horários diferentes das aulas, com adversários melhores do que nós.

A entrada do bridge na minha vida de modo tão intenso fez de mim uma pessoa mais feliz, embora eu me perguntasse às vezes se o meu envolvimento com esse jogo não me fazia negligenciar o meu marido e os meus filhos. Selim, pelo contrário, ao ver a minha determinação e ambição, incentivava-me dizendo: "Você ainda vai ser uma grande jogadora! Não pare de jogar!" Ele era o exemplo perfeito de marido compreensivo e motivador.

Os últimos tempos da doença do meu querido pai foram um período desgastante para mim. Ele sentia dores na garganta e dificuldade para engolir. Apesar de todos os remédios prescritos pelos médicos, sua saúde não melhorava. Os médicos não conseguiam fazer um diagnóstico e isso nos deixava preocupados. Embora ele não demonstrasse, sua preocupação já era evidente. Quando a situação se agravou, ele começou a pensar na hipótese de fazer um tratamento fora do país.

Fora do país? Mas onde?

Quando a minha prima recomendou um médico francês famoso que o meu pai conhecia pessoalmente, ele resolveu ir para Paris. Antes de partir, marcou uma consulta com o tal médico e começou os preparativos para viajar. Toda a família, principalmente a minha tia-avó e a minha irmã mais velha, estava muito apreensiva. Eu tentava não pensar em nada ruim. Tratava-se apenas de um probleminha simples de saúde e ele voltaria saudável de Paris, depois de fazer o tratamento. Eu não queria nem pensar em coisa pior.

Enquanto nos despedíamos do meu pai no aeroporto, tentamos criar um clima festivo, como se ele estivesse saindo de férias, mas nenhum de nós foi muito convincente. Quando chegou a hora da partida, meus olhos se encheram de lágrimas e eu disse: "Rezarei por você, papai, por favor volte com saúde e o mais rápido possível."

"Não se preocupe, querida", o meu pai disse. "Tenho certeza de que não há nada com que nos preocuparmos. Eu telefonarei para você amanhã à noite, depois da consulta."

Nessa noite, eu não consegui dormir. Esforcei-me para pensar de modo positivo, tentando acreditar que as notícias do dia seguinte seriam boas. Não havia nada que eu pudesse fazer senão rezar pelo meu pai.

Eu falava com ele todos os dias. Todos os exames foram feitos nos primeiros quatro dias e nenhuma doença foi identificada. Essa espera nos deixou agoniados. A voz do meu pai ao telefone parecia cansada e cheia de preocupação, e isso deixava o meu coração oprimido. Na verdade, o meu pai era uma pessoa forte e corajosa, e a situação deixava-me com a impressão de que talvez ele estivesse escondendo algo de nós. Tudo o que eu queria era ser um passarinho para poder voar para perto do meu pai e esperar ao lado dele. O meu passaporte estava pronto. Se ele dissesse, "Venha para cá", eu pegaria o primeiro avião para ficar ao lado dele, mas ele não aceitava essa hipótese.

"Não venha, Stella, não há necessidade. Os resultados dos exames saem amanhã. Às quatro da tarde, irei ao médico. Acho que terei um diagnóstico. Assim que eu tiver os resultados dos exames, ligo para você e sua irmã."

Demorou séculos para o dia seguinte chegar. As horas e os minutos passavam lentamente. Enquanto esperávamos pela ligação de papai, eu procurava fazer com que os meus filhos não percebessem nada.

Enfim, o telefone tocou. Era papai.

"Olá, querida."

"Pai? Como você está? O que o médico disse?"

"Acalme-se, filha, não há nada com que se preocupar. Trata-se de uma doença que pode ser tratada."

Bem, então por que eu não fiquei feliz com a notícia? Por que eu ainda estava assustada? Por que a voz do meu pai estava trêmula?

"Pai, qual é o diagnóstico? Que doença você tem?"

"Doença linfática."

Eu não tinha idéia de que doença era essa. Era a primeira vez que eu ouvia o termo.

"O que é doença linfática? Que tipo de doença é essa?"

"É difícil explicar agora, Stella. Eu vou ficar aqui um tempo fazendo o tratamento. Podemos nos falar freqüentemente por telefone e eu deixarei vocês informados. O médico disse que eu ficarei bem. Querida, não há nada com que se preocupar."

Depois de alguns minutos, a minha irmã explicou que a doença linfática era um tipo de câncer! O meu pai tinha câncer. Uma doença fatal. Ele podia morrer por causa dessa doença! Será que eu conseguiria continuar vivendo se perdesse o meu pai? Será que a vida seria possível? Era como se o meu sangue congelasse nas veias. Eu não conseguia nem chorar. Será que era tudo imaginação? Será que o meu pai realmente havia telefonado para nós ou tudo não passava de um jogo do demônio que morava dentro de mim? Por dias eu tinha enganado a mim mesma acreditando que receberia boas notícias, ou seria o medo da doença que havia me levado a imaginar isso?

Eu não conseguia pensar. Era como se não conseguisse controlar a minha mente nem meus pensamentos. Só uma palavra ecoava nos meus ouvidos: doença linfática!

Papai voltou para Istambul depois de dois meses. Ele estava com uma ótima disposição apesar de tudo.

"A doença foi diagnosticada corretamente logo no início", disse ele como se tentasse convencer mais a si mesmo do que a nós: "É o primeiro estágio da doença. O médico foi otimista. Vocês vão ver, eu vou ficar bom!"

Ele passou a fazer tratamento em Istambul e a viajar para Paris a cada dois meses. Parecia ter emagrecido e envelhecido 10 anos em poucos meses. Sua garganta doía muito e ele não conseguia comer. Quando insistíamos para que se alimentasse, ele respondia zangado:

"Vocês não entendem! Para mim a comida no prato é como um escorpião. Me deixem em paz!"

Nós nos sentíamos todos impotentes. Ficávamos ali, sem poder fazer nada, vendo nosso pai piorar a cada dia.

Nesse ano, Selim passou por uma crise nos negócios e tivemos que vender a nossa casa, passando a morar num apartamento alugado. Nossas péssimas condições financeiras preocupavam o meu marido. No entanto, sempre otimista, ele acreditava que as coisas fossem melhorar. Por pior que fosse o seu dia, ele sempre chegava em casa com um sorriso doce, sem nenhum traço de preocupação.

Eu também não me preocupava, talvez porque estivesse completamente satisfeita com as nossas condições financeiras: eu não me importava de não ter o mesmo estilo de antes. Só o fato de estar com Selim e com os nossos filhos já bastava para me deixar feliz; o resto não era importante. Eu tinha os filhos mais carinhosos deste mundo e um marido que eu amava profundamente. Durante os anos em que morei na casa de meus pais, antes de me casar, eu pude constatar como alguém pode ser infeliz vivendo em meio ao luxo. Por isso, nossos problemas financeiros não impediam a minha felicidade.

Embora estivéssemos casados havia dez anos, o costume de acompanhar o meu marido até a porta de manhã e acenar pela janela até que ele virasse a esquina passou a ser uma piada entre os vizinhos: "Não mime o seu marido tanto assim!", diziam eles, achando graça. Eu não conseguia convencê-los de que fazia isso não para mimá-lo, mas porque eu gostava.

Uma manhã, tivemos uma briga não sei por que motivo. Por isso, de manhã, eu o acompanhei até a porta com a cara amuada, pois estava aborrecida. Ao chegar no trabalho, ele me telefonou e disse:

"Stella, de hoje em diante nunca deixe de acenar para mim da janela quando eu for para o trabalho. Não importa o que aconteça, nunca mais nos zangaremos um com o outro."

Quando ele me disse que tinha se sentido tão mal que até atropelara um canteiro no meio da rua, eu caí na gargalhada.

Saber que Selim não trabalharia no final de semana me deixava feliz como uma criança. Só de pensar nos dois dias que passaríamos juntos já era maravilhoso.

Eu contei ao meu pai que venderíamos nossa casa depois que nos mudássemos para uma nova. Eu sabia o quanto isso o deixava chateado, mas eu não podia mais manter segredo. Se vendêssemos a casa que ele nos dera de presente de casamento sem consultá-lo, isso o deixaria mais aborrecido ainda. Eu não queria fazer nenhuma destas duas coisas: nem aborrecer o meu pai no estado em que ele estava nem vender a casa.

Nós não tínhamos outra opção, pois recusáramos a ajuda financeira do meu pai. Quando os negócios do meu marido começaram a ir mal, nós emprestamos dinheiro de muitas pessoas. Só poderíamos pagá-las vendendo a casa. Selim era o tipo de pessoa que sempre pagava o que devia. Por mais que a venda da casa me aborrecesse, eu não poderia ir contra a vontade dele. Ele não queria sentir nos ombros o peso de estar endividado enquanto estivesse entre aquelas pessoas. Como sua esposa, eu tinha de apoiá-lo até o fim.

A mudança também tinha aspectos positivos. A nossa nova casa ficava perto da de minha irmã, e eu poderia visitá-la e as minhas sobrinhas com muito mais freqüência. Todos estávamos felizes com isso. Melis e Yael tinham crescido e se tornado duas adolescentes de 16 e 17 anos. Elas eram como minhas filhas. Quando tinham problemas e ficavam com receio de contar à mãe, era para mim que contavam os seus segredos.

A dedicação que demonstravam por mim e pelos meus filhos era incrível. Todos os dias elas vinham brincar com Jeffrey e tratavam Jessica, que era muito madura para sua idade, como uma amiga.

Até que a minha filha chegasse da escola, eu passava o dia inteiro com o meu filho. Cada minuto que eu passava com ele era especial para mim. Apesar de ter apenas 4 anos, Jeffrey tinha personalidade; ele sabia o que queria e era muito teimoso.

Esse garotinho lindo e encantador também era capaz de me surpreender com a sua inteligência. Ele era extremamente esperto para sua idade. Quando tinha 7 meses e meio, ele começou a falar e isso surpreendeu o pediatra, que me pediu para fazer um teste de QI com Jeffrey quando ele tivesse dois anos. O teste mostrou que ele tinha um nível de inteligência muito superior ao das crianças da sua idade. Às vezes eu não sabia como lidar com o meu filho. Eu tive com ele dificuldades que nunca havia tido com a minha filha. Quando Jessica voltava para casa depois da escola, eu a ajudava a fazer a lição de casa enquanto Jeffrey nos observava em silêncio, fingindo que estava aprendendo também.

Nas quartas-feiras, a minha mãe e a minha sogra vinham em casa cuidar das crianças para que eu pudesse fazer a minha aula de bridge. Esse dia era todo meu. Depois da aula nós costumávamos jogar na companhia do senhor Semih e havia semanas que participávamos de campeonatos no clube de Bridge de Istambul. Ganhar o primeiro torneio de que participei com Ida e receber uma taça como prêmio foi um momento inesquecível para nós.

Além do meu marido e dos meus filhos, o bridge tornou-se uma parte importante da minha vida.

Um ano e meio havia se passado desde o diagnóstico da doença do meu pai. Ele estava em Paris fazendo os seus exames de rotina e, como sempre, aguardávamos ansiosamente a sua volta com boas notícias. Nosso único desejo era que a doença estivesse regredindo. Um ano antes, os médicos mais otimistas haviam nos dado esperanças. Nós acreditávamos no que eles diziam e esperávamos que nosso pai melhorasse. A situação dele, contudo, não parecia nada boa. Na verdade, a sua aparência cada vez mais debilitada aos poucos acabava com todas as nossas esperanças. Tinha de haver uma cura para isso. O meu pai tinha de ficar bom!

Apesar da sua resistência – "O médico em Paris é muito bom", dizia o meu pai. "Eu confio nele" –, convencemos o meu pai a procurar outro médico nos Estados Unidos.

Cem, o filho de minha tia que morava em Nova York, providenciou tudo: "Consegui uma consulta com um professor, especialista em doença linfática", ele disse, "o senhor vai ver, tio, o senhor vai melhorar! Eu até já preparei um quarto na minha casa. Eu ficarei com o senhor o tempo todo. Não o deixarei sozinho."

As palavras do meu primo nos deixaram muito felizes e recuperamos as esperanças.

Eles levaram o meu pai para o avião numa cadeira de rodas. Ele partiu com tristeza nos olhos, um sorriso forçado nos lábios e esperança no coração. Quando me despedia do meu pai, com amor e preces, eu me lembrei da minha infância. Dos dias em que eu costumava esperá-lo na janela... Esse momento me fez lembrar os medos e esperas aflitas: "Será que ele vai voltar?" Agora eu voltava a ter o mesmo pensamento. Não, não era o mesmo; era mil vezes pior! "E se ele não voltasse? E se eu não visse o meu pai outra vez?"

Depois de alguns dias, ao receber notícias de Nova York, soubemos que todo o tratamento feito em Paris tinha sido inadequado. O meu primo Cem contou-nos por telefone tudo o que o professor americano dissera:

"O tratamento que ele fez em Paris não foi suficiente. Era como dar uma aspirina para um paciente de câncer! Por causa disso, infelizmente, a doença tinha se agravado. De acordo com os primeiros diagnósticos, se o meu pai tivesse recebido o tratamento adequado, certamente teria ficado bom. Os médicos americanos diziam que ele apresentava pouca melhora. No entanto, eles se empenhariam para aumentar a sua expectativa de vida sem diminuir a sua qualidade de vida. Mas, para salvá-lo, seria preciso um milagre."

Prolongar a vida dele... De quanto tempo eles estavam falando? Quantos anos seriam suficientes para mim? Cinco anos? Dez anos? Será que uma vida inteira seria suficiente para aproveitar bem a presença do meu pai? Bem, e quanto aos milagres? O que estava acontecendo? O que estávamos ouvindo? Um passageiro podia sobreviver a um desastre aéreo enquanto todos os outros perdiam a vida. Depois de um terremoto devastar uma grande cidade, havia pessoas que sobreviviam e só eram encontradas sob os escombros muitos dias depois. O meu pai ia sobreviver porque ele tinha de sobreviver!

❧❦

O meu filho Jeffrey começou a fazer o jardim-de-infância na escola da irmã, Jessica. Os dois iam juntos no mesmo ônibus escolar e isso me deixava mais tranqüila. Jessica, que era uma irmã muito dedicada, prometeu que ficaria de olho nele durante o recreio. Era muito bom que ele fosse para a escola feliz assim como Jessica.

Jessica estava no segundo ano primário. Ela não era a melhor aluna da classe nem se esforçava muito para isso. Não aceitava nenhuma ajuda da nossa parte e só fazia o que podia:

"Mãe, as minhas notas não são ruins. Será que eu preciso tirar só a nota máxima?"

Com essas palavras, era evidente o caminho que ela seguiria na escola. Nunca tiraria além de seis, e cinco já lhe parecia mais do que suficiente! Eu estava tão aborrecida com a doença de meu pai que não conseguia nem mesmo forçar a minha filha a estudar um pouco mais.

Nessa época, o convite que o sr. Semih me fez para ser sua assistente me deixou muito surpresa e também empolgada. Embora eu já fosse aluna dele havia dois anos e meio, o convite foi uma grande honra para mim. Eu tinha me empenhado e redobrado os meus esforços no bridge. Mesmo assim, achava que não jogava tão bem nem era tão boa a ponto de ser assistente dele.

"Muito obrigada pela oferta, sr. Semih", eu respondi. "Seria uma honra ser sua assistente; no entanto, eu não acho que jogue tão bem assim. Além disso, por causa da doença de meu pai, atualmente eu não consigo me concentrar em mais nada."

"Se estou lhe fazendo esse convite é porque você é capaz", disse ele. "Eu não aceito um não, Stella. A partir de amanhã de manhã, você precisará ir ao clube todos os dias. Enquanto eu dou aulas, você terá de ver como as pessoas estão jogando na sala de jogos e ajudá-las. Combinado?"

Eu não tive outra escolha. Ele só sabia dar ordens e esperar que elas fossem obedecidas. Era alguém que não aceitava um não como resposta. Eu sabia que não atingiria o meu nível de conhecimento com outro professor num tempo tão curto. Eu tinha de aproveitar ao máximo a chance que ele me dava e evitar constrangimentos para ele.

Desse dia em diante, a minha vida mudou. Depois de mandar as crianças para a escola pela manhã, limpar a casa e deixar o jantar pronto, eu ia para o clube. Das dez e meia da manhã até as três da tarde, eu ajudava o sr. Semih e depois voltava para casa, para encontrar as crianças. Eu de fato me sentia muito mais feliz com o dia cheio de tarefas domésticas e de trabalho.

Já fazia três meses que o meu pai tinha viajado para os Estados Unidos. Nesse meio tempo, a minha irmã esteve com ele durante dois meses e, ao voltar, disse que ele não estava nada bem; que eu não tivesse muitas esperanças. Como ele não falava mais ao telefone, tive de falar com o meu primo quando liguei pela última vez.

"Stella, por favor, não telefone mais", ele disse, deixando-me ainda mais ansiosa. "O fato de não poder falar ao telefone deixa o seu pai extremamente chateado. Sempre que você telefona, ele chora. Eu ligarei para você e contarei como ele está evoluindo."

Eu não conseguia mais conviver com essa dor e sentia muita falta do meu pai. Decidi ir aos Estados Unidos para ficar ao lado dele. Quando liguei para o meu primo para lhe contar sobre a minha decisão, soube que o meu pai viria passar alguns dias na Turquia. Como ele sentia muita falta de casa e da família e não parava de chorar, os médicos consentiram que ele ficasse em casa durante quinze dias, embora essa pausa no tratamento não fosse fazer muito bem a ele. Eu não precisava mais ir para os Estados Unidos. Muito embora fossem apenas quinze dias, fiquei entusiasmada com a possibilidade de rever o meu pai!

Expliquei ao sr. Semih que eu passaria duas semanas com o meu pai e não iria ao clube.

Falei com o meu primo um dia antes da chegada do meu pai. Ele disse que o meu pai faria uma escala em Amsterdã e chegaria na Turquia às quatro horas da tarde. O meu primo me alertou de que o estado de saúde dele não era bom e que ele tinha emagrecido muito.

Eu percebi que ele estava me preparando para que eu não me chocasse ao ver o meu pai. Eu sabia que o milagre esperado não ia se concretizar. Eu ia perder o meu pai. Mas quando? Essa pergunta, cuja resposta me apavorava, aflorou-me aos lábios pela primeira vez naquele dia.

Eu perguntei ao meu primo, "Cem, o que os médicos dizem sobre a expectativa de vida dele?"

"Um ano, Stella", ele respondeu. "Considerando toda dor que ele sente, os médicos acham que não agüentará mais de um ano."

Um ano! Papai só tinha mais um ano de vida. Isso era algo em que eu não conseguia acreditar nem aceitar que fosse possível. O meu pai tinha de viver para sempre!

Quando mandei as crianças para a escola naquela manhã, disse que o avô delas estava chegando e que por isso eu não estaria em casa quando elas chegassem da escola. A minha mãe ficaria com elas pela primeira vez. Eu estava sonhando em ficar com o meu pai enquanto ele ficasse na Turquia. Eu queria passar todos os momentos daqueles quinze dias com ele.

Eu estava tão ansiosa que não sabia nem o que fazer. Em poucas horas eu estaria com ele. Eu iria para o aeroporto com a minha irmã e o meu marido. Selim tinha ido trabalhar e dissera que voltaria para nos pegar às duas horas. Mas o tempo não passava. Eu tirava o pó dos móveis sem me dar conta de que limpava o mesmo lugar várias e várias vezes. Por volta do meio-dia ouvi uma batida na porta. A minha irmã e a sua amiga Eti chegaram. Eu não conseguia entender por que tinham chegado tão cedo. A minha irmã tinha uma aparência péssima e era óbvio que tinha chorado muito.

"O que foi?", perguntei. "Aconteceu alguma coisa?"

"Não, Stella, não é nada."

Havia anos que ela não se dava bem com o marido. Eles brigavam o tempo todo. Eu estava tão acostumada com a triste situação de minha irmã que não fiz mais perguntas.

"Querem um café?", ofereci.

"Sim, vamos tomar café", disse ela.

Enquanto tomávamos café, eu ainda me sentia ansiosa. Tinha a impressão de que Eti já estava começando a ficar irritada com as minhas constantes idas e vindas pela cozinha.

"Sente-se um pouco", ela disse. "Estou cansada só de olhar você."

"Estou ansiosa demais, não consigo me acalmar. Como vocês já estão aqui, vou ligar para Selim e pedir que nos leve ao aeroporto mais cedo."

"Não tenha tanta pressa. Vamos conversar um pouco."

Desde a chegada, a minha irmã não tinha dito uma palavra. Tudo o que ela fazia era beliscar as costas da mão. Eu comecei a ficar realmente preocupada com elas. Eti, que vivia alegre, parecia muito tensa também.

"Está acontecendo alguma coisa com vocês duas", eu disse. "Eu não queria mais fazer perguntas à minha irmã, mas você também não me parece muito disposta, Eti."

"É", disse ela, "eu também não me sinto lá muito bem".

Quando eu estava prestes a perguntar, o telefone tocou. Era Selim. Ele estava preocupado comigo e queria saber como eu estava.

"Selim, você pode vir mais cedo, por favor?", perguntei. "Eu queria ir para o aeroporto o mais cedo possível. Não consigo mais ficar aqui em casa."

"Stella, não chame o Selim", disse Eti. "Não há necessidade!"

Eu parei com o fone na mão. O meu marido não estava confirmando que viria mais cedo e eu não conseguia entender por que Eti tinha falado aquilo, que me aborreceu um pouco. Selim disse que já estava chegando e desligou.

"O que você quer dizer com isso? Por que não há necessidade? Eu quero ir mais cedo", respondi.

"Stella, o seu pai não virá hoje."

Eu quase enlouqueci. Como assim, ele não virá hoje? Depois de o meu pai embarcar, o meu primo havia nos telefonado dando a notícia. Ele disse que o avião não se atrasaria e que chegaria às quatro da tarde em Istambul. Sendo assim, como o meu pai poderia não chegar hoje?

• 34 •

"O que você quer dizer com isso? Papai já está a caminho e estará aqui em três horas."

Eti se levantou e se aproximou de mim.

"Olhe, querida, o seu pai passou mal no caminho e teve de desembarcar em Amsterdã. Eles ligaram do hospital e nos deram a notícia."

Ao ouvir isso, senti uma dor indescritível. O meu coração pulava no peito e eu fiquei sem ar. O meu pai, que eu esperava há dias, estava num hospital em Amsterdã. Se ele não tinha conseguido chegar, era porque estava muito mal. Eu olhei para a minha irmã e notei que ela tentava esconder as lágrimas e parecer calma.

"Precisamos fazer alguma coisa, minha irmã. Nosso pai precisa de nós!"

A minha irmã não abriu a boca; estava chorando e fingindo não me ouvir. Eu me perguntava se Selim já teria saído do trabalho. O meu passaporte estava no escritório dele e eu estava decidida a tomar o primeiro avião para ir ao encontro de meu pai. Telefonei para Selim e coloquei-o a par da situação. Disse que eu queria ir para Amsterdã no primeiro vôo e pedi que ele fizesse a reserva para mim.

Alguns minutos depois Selim chegou. Eu não esperava que ele chegasse assim tão rápido. Era óbvio que não tinha trazido a minha passagem.

"Selim, você chegou tão rápido! Não comprou a minha passagem?"

"Não, meu bem, não comprei. Eu queria vê-la primeiro."

"Você sabia que eu queria pegar o primeiro vôo, Selim!" gritei zangada. "Não entendo como você pôde ter vindo sem trazer a passagem!"

"Stella, venha até aqui."

Eu estava dominada pelo pânico. Não conseguia entender a atitude de Selim e não sabia por que ele queria me abraçar.

"Selim, o que você está dizendo?! Por que quer me abraçar agora? Eu quero ver o meu pai, será que não entende? E quero embarcar no primeiro avião. Por favor, vá e cuide disso."

"Tudo bem, querida", ele respondeu. "Mas eu quero lhe pedir uma coisa antes. Quero que você se sente aqui perto de mim por dois minutos e se acalme. Eu tenho de conversar com você."

Eu não resisti mais e me sentei ao lado dele a contragosto.

"Está bem, estou ouvindo."

Selim acariciou o meu cabelo com o carinho de sempre.

Quando olhei nos olhos dele para dizer, "Vamos, fale!", percebi que eles estavam cheios de lágrimas. Selim estava chorando. Como eu não conseguia ver sentido em tudo aquilo, não podia entender por que o meu marido estava chorando. Instintivamente eu o abracei. Selim estava chorando por causa da doença do meu pai e eu me sentia incapaz de verter uma lágrima.

"Stella, querida", ele disse quase sussurrando. "O seu pai faleceu!"

[(...)]

O que é morrer, mamãe?"

"Quando as pessoas ficam velhas, elas vão ficar com Deus, meu bem. Isso é morrer."

"Mas elas não voltam mais?"

"Não, filho, elas não voltam."

"Você vai morrer também, mamãe?"

"Eu ainda sou jovem, querido. Ainda vamos ficar juntos por muitos anos. Não vou deixar você sozinho."

"Mas e o vovô? Ele vai morrer?"

"O seu avô está ficando velhinho, querido. Assim como todas as pessoas idosas, ele vai morrer um dia."

"Mamãe, por favor, o vovô não pode morrer! Eu sentirei muita falta dele!"

[(...)]

Algum tempo antes eu tinha explicado ao meu filho o que significava a morte numa linguagem que ele pudesse entender. Embora ele não aceitasse a morte inevitável do avô, pelo menos tinha passado a entender o que significava a morte. Mas e eu? Quando Selim me disse "O seu pai faleceu", eu não consegui entender o que isso significava.

Por que Selim bateu no meu rosto quando continuei com um olhar vazio e inexpressivo? Por que ele insistia para que eu dissesse algo? Por que não estava deixando que eu fizesse um bolo para as crianças?

"Por que você me bateu?", perguntei a Selim.

"Porque você não está consciente, Stella, e está me assustando!"

"Eu estou bem!", respondi. "Não há nada de errado comigo!"

"Não, você não está bem", ele respondeu. "Você não pode estar bem porque o seu pai morreu. Eu quero que você aceite isso e quero que sinta a sua dor. Não fique em silêncio, reaja, Stella. Grite, berre, chore. Está me entendendo?"

"Não, não estou. Deixe-me em paz, eu quero dormir um pouco."

Fui para o meu quarto, fechei a porta e me deitei. Nesse momento tudo o que eu sentia era dor de cabeça. Eu queria dormir. Dormir e nunca mais acordar.

Enquanto lutava para conciliar o sono, lembrei-me de um sonho que tive muitos anos atrás. Era como se eu estivesse vendo o caixão no meio da sala outra vez e o meu pai deitado dentro dele.

Um parente seu, extremamente próximo, agora está distante e nunca mais voltará. Isso é exatamente o que estava escrito no livro que consultei, sobre o significado dos sonhos. Depois de tantos anos, quanta dor me causava agora esse presságio! Não sei quanto tempo fiquei remoendo esses pensamentos. Por um momento pensei ter ouvido as vozes de meus filhos. Já tinham voltado da escola. Como eu sentia falta deles!

"Bem-vindas, crianças."

"Mãe, por que você está em casa? Vovô não chegou ainda?"

Seu pai faleceu. Foi isso mesmo que Selim me disse? O meu pai tinha de fato morrido? Não, não podia ser. O meu pai não podia morrer, porque o médico dos Estados Unidos tinha falado que ele teria mais um ano de vida. Um especialista tão famoso não poderia se enganar assim.

Além da dor de cabeça que já durava horas, o meu cérebro não estava funcionando muito bem e eu comecei a pensar coisas bobas e sem sentido.

"Vamos, garotos, direto para o banheiro lavar as mãos e o rosto", disse Selim. "Troquem de roupa e venham aqui na sala."

"Tudo bem, mas e o vovô?", perguntou Jessica. "Ele não deveria chegar hoje?"

"Jessica, por favor, faça o que eu disse", repetiu Selim com calma. "Sua mãe vai conversar com vocês mais tarde."

Eu estava muito fraca. Como eu já estava voltando para o quarto, Selim disse que tínhamos de conversar e me levou pelo braço até a sala de estar.

"Stella, você quer explicar a situação para as crianças ou prefere que eu conte a elas a verdade?"

"A minha irmã e Eti já foram embora?"

"Não faça isso, Stella!"

"Não faça o quê?"

• 37 •

"Você não pode fugir dos fatos mudando de assunto."

Selim me segurou pelos ombros e me obrigou a olhar para ele.

"Olhe nos meus olhos, Stella, o seu pai morreu, você está me entendendo? Querida, você tem de acreditar e aceitar o fato", disse ele. "Você sabe que esse era um fim inevitável. Infelizmente aconteceu mais cedo do que pensávamos. Você deve buscar consolo no fato de que ele não está mais sofrendo, está em paz."

"Mãe, onde está o vovô?", perguntou Jeffrey, ao entrar na sala.

"Selim, eu acho que Jessica ainda está se trocando", disse eu. "Você poderia ir até o quarto dela e mantê-la ocupada um instantinho, por favor? Enquanto isso eu poderia ficar aqui um instante com Jeffrey."

"Você quer que eu converse com Jessica?"

"Faça como quiser."

Jeffrey estava sentado no sofá ao meu lado, ansioso para saber o que eu ia lhe contar. Como eu poderia contar a ele algo que nem eu mesma tinha aceitado e acreditado ainda?

"Querido, hoje eu preciso mais do que nunca de você", comecei. "Você poderia me ajudar?"

"Tudo bem, mãe. O que eu tenho de fazer?"

"Você é o meu filhão, lindo e inteligente. Eu sei que você vai ficar triste com o que vou dizer, mas quero que você seja forte. Combinado?"

"Combinado."

"Você sabe que o vovô estava muito doente e infelizmente os médicos não puderam fazer muito por ele."

"O meu avô morreu!", gritou Jeffrey. "Não é isso? O meu avô morreu!"

Jeffrey cobriu o rosto com as mãos e começou a chorar. Eu o peguei no colo, abracei-o, beijei-o e deixei que ele chorasse o quanto quisesse. Eu queria tanto conseguir chorar assim!

Nesse momento Jessica entrou correndo na sala e me abraçou.

"Mãe!"

Por um momento ficamos em silêncio, abraçados. Eu sabia que ela estava chorando, pois suas lágrimas molhavam o meu pescoço.

"O vovô está bem agora, mãe, ele não está mais sentindo dor. O papai me disse."

Pelos olhos dela, percebi o quanto ela já tinha chorado no quarto.

"Está certo, querida. Ele não está sofrendo mais."

"E você, mãe? Está sofrendo muito?"

"Não sei, meu amor", respondi, sem saber o que estava sentindo. "Neste momento, não consigo sentir nada."

O meu pai tinha morrido uma hora antes de chegar a Amsterdã. Como a morte tinha ocorrido nas proximidades da cidade, as autoridades exigiam que ele ficasse no necrotério durante dois dias até que todas as providências fossem tomadas. No terceiro dia, quando fomos ao aeroporto buscar o corpo, uma desagradável surpresa nos aguardava. No avião que esperávamos, chegou um corpo que não era o de papai. Sentimos tristeza e pânico ao mesmo tempo. Eu não tinha conseguido ver meu pai vivo e agora não podia ver o corpo dele. Mais tarde, descobrimos que o corpo de papai viria em outro vôo.

Depois de passar o dia inteiro no aeroporto, eu enfim encontraria o meu pai. Antes de sepultá-lo, eu pude olhar no rosto dele pela última vez, depois de tanto tempo de espera. Ele estava tão envelhecido e descarnado! O seu rosto ainda conservava as marcas de toda dor que tinha sofrido, mas maior ainda era a paz de espírito que transmitia. Quando joguei uma pá de terra sobre o caixão que abrigava o corpo e os olhos que eu nunca me cansara de fitar, eu me senti absolutamente em paz por ter cumprido o meu último dever para com ele.

Com uma oração eu me despedi do meu querido pai, o meu ídolo, que partia para a sua última jornada. Enquanto a sua filha vivesse – a filha a quem ele chamava de amiga –, ele também continuaria a viver. Eu faria com que ele continuasse a viver dentro de mim, com todo o meu amor, o meu respeito e as mais belas lembranças.

Um mês depois de perder o meu pai, estremeci ao encontrar um par de abotoaduras de prata em seu cofre. Essas abotoaduras, que aos olhos da maioria das pessoas não valiam nada, significavam que um dia nos reencontraríamos, mas isso era algo que ninguém entenderia.

Eu quase podia ouvir as palavras de meu pai, a quem eu amava mais do que à minha própria vida:

"Obrigada, filha querida. Essas abotoaduras são um tesouro para mim. Eu as guardarei enquanto viver."

Como sempre, o meu pai manteve a sua palavra. Assim como prometeu, ele guardou até o fim da vida o presente que eu lhe dera havia exatamente 17 anos. Assim como eu também as guardaria até morrer. Quando o meu filho crescesse e se tornasse um homem, eu ficaria muito feliz em vê-lo usar essas abotoaduras. Eu tinha certeza de que o único neto de meu pai guardaria essa lembrança do avô.

❦

1989

Um ano depois de perder o meu pai, compramos uma casa como ele tanto queria. Quando a vi pela primeira vez, percebi no mesmo instante que era a casa dos meus sonhos. Quando o dono disse que estava quase fechando negócio com outra pessoa, eu fiquei tão interessada na casa que estava pronta para fazer uma oferta elevada. No final conseguimos convencer o dono e compramos a casa em dois dias.

A casa era na verdade um duplex com seis dormitórios. Além de ser espaçosa e arejada, ainda havia algo mais que me agradava: podíamos ver a distância o túmulo do meu pai. Acho que essa foi a razão de eu não querer outra casa.

Embora tivesse transcorrido um ano, a dor de perder o meu pai ainda era a mesma. Selim me levava ao cemitério quase todos os dias. E, enquanto estávamos lá, sabendo que eu preferia ficar sozinha, ele esperava no carro. Ficar perto do meu pai, conversar com ele, era algo que me confortava.

Nessa época já fazia um ano que eu trabalhava como assistente do sr. Semih. Às vezes, eu costumava treinar os meus alunos e depois encaminhá-los para o sr. Semih, só para não deixá-lo aborrecido.

Um dia ele me disse, "Você não precisa mais da minha ajuda, Stella. Você sabe que já estou bem ocupado. Tenho de recusar muitos alunos porque não tenho mais tempo. Eu quero que você treine esses grupos".

"Mas, sr. Semih, só posso treiná-los se tiver a sua ajuda", respondi. "Ser professor particular é uma grande responsabilidade e eu não estou pronta ainda."

Essa foi a primeira vez que eu disse não ao sr. Semih. Depois de insistir muito, ele ficou nervoso e telefonou para Selim na manhã seguinte, reclamando de mim. Selim então começou a me pressionar:

"Eu não entendo por que você não aceitou a oferta, Stella", ele me disse. "Se o sr. Semih confia tanto em você é porque tem capacidade."

"Nem todo mundo tem dom para ser professor, Selim", eu respondi. "Saber é uma coisa, ensinar é outra completamente diferente."

"Eu acho que você deveria tentar", insistiu ele. "Eu queria muito que você pensasse melhor."

Apesar de toda a insistência, eu continuei como assistente. Um dia, enquanto eu ajudava um grupo de seis jogadores que o sr. Semih treinava havia muito tempo, um convite de uma das alunas acabou causando uma mudança em minha vida.

"Stella, queríamos ter aulas particulares com você", disse ela. "Você aceitaria?"

"Eu não dou aulas particulares", respondi. "O meu trabalho é apenas ajudar todos vocês aqui."

"Mas nós queremos ter aulas com você", insistiu ela. "Não há dúvida de que o sr. Semih é um ótimo professor, mas ele é tão temperamental que chega a dar medo; você, ao contrário, é doce e paciente. Nós todos estamos muito satisfeitos com você. Por favor, não recuse a nossa proposta, Stella."

"Acreditem, eu não quero recusá-la. Também gosto muito de vocês, mas como vou explicar isso ao sr. Semih? Não seria indelicado eu tomar os alunos dele?"

"Você está certa, Stella, nenhum de nós gostaria de colocá-la numa situação difícil."

Quando fui ao clube no dia seguinte, o sr. Semih me olhou de um jeito estranho ao se dirigir a mim.

"Você não tem vergonha de roubar os meus alunos?", disse ele zangado.

"Não estou entendendo o que o senhor quer dizer", respondi. "Eu não roubei os seus alunos."

O sr. Semih, sempre tão sério e circunspecto, agora tinha um olhar diferente. Ele abriu os braços e me abraçou, para o meu espanto.

"Você não roubou, mas deveria ter roubado", ele disse sorrindo. "Os alunos a quem eu ensino há dois anos agora querem você. Você tem idéia do quanto estou orgulhoso? Ver uma aluna que eu ensinei desde o bê-ábá se tornar professora é uma grande alegria para mim! Eu prometi a eles que você aceitaria. Tudo o que você tem de fazer é decidir a hora e o dia."

O sr. Semih, a quem nunca conseguirei retribuir à altura, mostrou nesse dia o homem terno e generoso que é.

As minhas aulas, que no início me tomavam apenas um dia por semana durante duas horas, ficaram tão cativantes que, depois de um tempo, acabaram por preencher todos os meus dias. Passei a dar aulas cinco dias por semana, das nove da manhã até as sete da noite. Eu tinha onze grupos compostos de cinco a seis pessoas. Além da felicidade espiritual que as aulas me proporcionavam, o retorno financeiro também era compensador, permitindo que eu colaborasse com as despesas domésticas. Isso era formidável. Depois de voltar para casa à noite, eu passava o resto do tempo com o meu marido e os meus filhos, o que me aliviava de todo o cansaço. A minha única tristeza era não poder estar em casa quando meus filhos voltavam da escola.

O que eu não sabia, porém, era que coisas assustadoras estavam prestes a acontecer.

2

No silêncio da noite, um grito ecoou no andar de cima, gelando o meu coração. Era Jessica. Enquanto eu e Selim subíamos as escadas de três em três degraus, eu ouvia os soluços da minha filha.

"Mãe, venha rápido!" Ela gritava por ajuda. "Rápido! Eu estou com muito medo!"

Quando entramos no quarto, vimos a minha filha de pé em cima da cama. Ao vê-la, pensei que talvez houvesse um rato no quarto.

"Eu vi de novo aquele inseto preto enorme, mãe!", ela disse gritando. "Estava na minha cama, andando nos lençóis."

Eu a abracei, tentando consolá-la, enquanto procurava com os olhos o inseto asqueroso.

"Querida, no final das contas era apenas um inseto", disse Selim, numa voz relaxada. "Não precisava exagerar. Você quase me matou de susto. Quando a ouvi gritando, pensei que tinha acontecido algo ruim com você. Não se preocupe, eu vou procurar esse bicho e acabar com ele agora!"

"Pai, é um inseto muito estranho. Tem olhos enormes, como se olhasse para mim. É tão horrível que eu nem consigo explicar."

Eu sabia muito bem o que ela estava querendo dizer. Semanas antes, eu também tinha visto esses insetos; eles eram grandes e pretos assim como Jessica havia contado. Mas a minha filha de 11 anos tinha muita imaginação. Ela tinha o costume de exagerar as coisas. É, Jessica exagerara um pouquinho, mas uma coisa ela tinha esquecido de dizer ao descrevê-lo. Era um inseto muito brilhante.

Depois dessa noite, informamos o administrador do condomínio e o zelador, pedindo que todo o bloco de apartamentos fosse dedetizado, especialmente a sala da caldeira. Esse era o único jeito de nos livrarmos dos insetos. Os funcionários da dedetizadora acabaram vindo e dedetizando todo o apartamento. Passados alguns dias, no entanto, eu voltei a ver um desses insetos andando pela cortina da sala. Telefonei para a dedetizadora na mesma hora, reclamando.

Uma semana depois, chamamos outra empresa da qual tínhamos recebido referências melhores, mas infelizmente o resultado não foi satisfatório. Os insetos também não eram afetados pelos inseticidas que eu mesma comprava. Não importa o que eu fizesse, não conseguíamos nos livrar dos insetos. Os meus vizinhos, contudo, não passavam pelo mesmo problema. Eu já estava agoniada, sem conseguir entender. Selim não parecia se preocupar muito, mas eu e Jessica estávamos completamente apavoradas. Felizmente Jeffrey agia como o pai e não parecia se importar.

Jeffrey ia muito bem na escola. Ao contrário da irmã, ele era um aluno dedicado. Mas só precisava fazer a lição de casa e prestar atenção na aula. Para ele isso era suficiente. À noite ele acompanhava os testes que eu preparava para os meus alunos e pedia:

"Ensine bridge para mim também!"

"No tempo certo, eu vou ensiná-lo, filho", eu dizia, imaginando o dia em que eu participaria de um torneio com o meu próprio filho.

Sempre que possível eu também lia um livro que uma amiga tinha me emprestado. Certo dia, a aula tinha sido cancelada e eu pude reservar um tempo só para mim – o que há muito tempo eu não fazia. Eu fiz uma xícara de chá e comecei a ler o livro que ficava sobre o criado-mudo. Estiquei-me no sofá da saleta que só eu e Selim usávamos.

Eu estava feliz porque havia muito tempo que não me sentia tão relaxada. Nada me tiraria daquele sofá nas duas horas seguintes. Por um momento pensei até em tirar o telefone do gancho, mas desisti.

Quando estiquei o braço para pegar o maço de cigarros e o cinzeiro da mesinha lateral, percebi que as flores que Selim havia me dado um dia antes não estavam no lugar. No entanto, eu me lembrava muito bem de tê-las deixado ali na noite passada; eu tinha colocado o buquê de flores brancas num vaso e o deixado sobre a mesa lateral. Achei que aquilo podia ser obra da faxineira. Enquanto tirava o pó, ela podia ter quebrado o vaso. Do contrário, por que tiraria as minhas flores dali? Eu estava mais chateada pela falta das flores do que do vaso. As flores brancas que Selim me dera eram realmente importantes para mim porque eu o amava muito.

Depois de tomar um gole de chá, comecei a ler o livro. Ler um livro sobre anjos era algo que me dava alívio. Eu tinha aprendido muito e aprenderia muito mais com esse livro.

Até essa época eu só acreditava em Deus, mas agora eu também acreditava que toda pessoa tinha um anjo protetor.

"Não podemos vê-los nem tocá-los, mas eles estão sempre ao nosso lado", dizia o autor do livro.

Eu, pelo menos, sabia que tinha um anjo. Eu podia sentir, e isso me dava paz de espírito.

Uma noite, depois de pôr as crianças na cama, eu me sentei na sala de estar com Selim. Ele estava assistindo à TV e eu, preparando os exames para as aulas do dia seguinte. Nesse dia eu tive uma espécie de depressão, sem nem mesmo entender por quê. Fosse qual fosse a razão, eu tinha uma vontade enorme de chorar. Já era tarde e os meus olhos estavam se fechando de tanto cansaço. Enquanto lutava para não cair no sono, senti de repente como se visse uma luz ao meu lado. Quando me virei para ver o que era, vi uma luz brilhando sobre o meu ombro esquerdo. Instintivamente, dei um pulo. A luz continuou ali, no mesmo lugar.

"Selim, você está vendo uma luz sobre o meu ombro esquerdo?", perguntei num sussurro.

"Que luz, Stella? Não entendi", ele respondeu sem interesse. "Não estou vendo nada, querida." Depois voltou a olhar para a TV. "Não há luz nenhuma aí. Você deve estar vendo coisas. Está cansada e é melhor ir para a cama."

"Selim, isso não tem nada a ver com o meu cansaço", insisti. "Acredite, há uma luz sobre o meu ombro esquerdo e essa não é a primeira vez que a vejo. Eu a vi agora mesmo por um instante. Não é sempre, mas quando a vejo ela está sobre o meu ombro esquerdo como se quisesse chamar a minha atenção."

"O que você quer que eu diga?", perguntou Selim dando de ombros. Mas dessa vez sem tirar de mim o mesmo olhar de desconfiança. "Você acha que pode haver uma explicação lógica para o que você acabou de dizer?"

É claro que não podia ser uma luz. Nem uma explicação nem uma interpretação para isso eram possíveis. No entanto, o jeito como Selim me olhava me enervava. Eu era mulher dele. Ele era uma das poucas pessoas que me conheciam muito bem. Como podia achar que eu estava mentindo ou simplesmente fazendo uma suposição?

E se acontecesse o inverso? Se Selim me dissesse que tinha visto uma luz sobre o meu ombro por um instante? Eu não teria uma explicação lógica para isso, mas acreditaria nele e pediria que me desse mais detalhes. De qualquer maneira, ele nem sequer tinha me ouvido. E havia outras coisas que eu gostaria de lhe dizer.

Sem tentar esconder a raiva, me levantei. Num tom de voz frio, dei boa-noite a ele e fui para o meu quarto. Eu estava deitada quando Selim apareceu ao meu lado.

"Stella, qual é o problema, querida?", ele perguntou. "Você está zangada comigo?"

Eu não podia mentir para ele dizendo que não. Pensei que, sem a televisão ligada, talvez ele me escutasse. Na verdade, eu precisava falar com ele.

"Estou, Selim", confirmei com tristeza na voz. "Na realidade, você me magoou."

"Por quê? O que eu fiz?"

Ele nem mesmo sabia! Algo tinha acontecido comigo e ele nem se importava! Deus sabe que ele nem se lembraria do que eu tinha dito antes! Enquanto ele assistia à televisão era como se o mundo parasse. Eu estava realmente zangada com a falta de interesse dele.

"Você prestou atenção ao que eu disse lá na sala?", perguntei. "Ou você nem ouviu?"

"Claro que ouvi, meu bem", ele disse sorrindo. "Você me disse que viu uma luz sobre o seu ombro. Mas eu não disse nada porque realmente não tinha nem idéia do que você estava falando..."

"Não acho que tenha sido a coisa certa a fazer, Selim", eu disse com aspereza na voz. "Em vez de pôr um ponto final no assunto, você deveria ter falado comigo. Está acontecendo uma coisa que não é normal. O que eu disse não foi a minha imaginação, foi real. Mas o quanto você acredita em mim eu não sei!"

Selim sentou-se perto de mim e me beijou com carinho na testa, desculpando-se. É claro que esse gesto diminuiu a minha tensão. Eu sorri para ele.

"Diga, Stella", ele disse. "Que tipo de coisa era aquela?"

"É muito difícil explicar", comecei. "Quando vi essa luz pela primeira vez, pensei que ela viesse de algo que estava atrás de mim. Depois, quando do notei que ela estava no meu ombro, fiquei assustada. Aquilo não fazia sentido. Sabe quando você vê um inseto ou uma mosca em você e tenta espantá-la com a mão? Bem, eu fiz exatamente isso. Mas ela não foi embora. Eu ainda conseguia tocá-la. Eu acho que ela apareceu por um ou dois segundos e depois sumiu de repente. Depois que ela sumiu, eu me senti contente e relaxada e, de repente, senti vontade de chorar sem nenhuma razão. Eu achei que estava chorando porque estava assustada, mas..."

E lá estava eu chorando de novo. Mas dessa vez não por estar assustada, mas pela falta de compreensão. Eu estava chorando porque achava que o meu marido não acreditava em mim.

"Por que está chorando, querida?", ele perguntou. "Por que não continua?"

"Selim, eu só vejo a luz quando estou triste e pensando em alguma coisa", eu disse. "E também quando estou cansada. Quando eu vejo essa luz, o meu estado de espírito muda totalmente; eu me sinto relaxada e tranqüila. Agora eu não tenho mais medo de vê-la; na realidade, até gostaria que acontecesse novamente."

"Acredite, eu não sei o que dizer", disse Selim, depois de pensar e pesar os fatos: "Se outra pessoa me dissesse isso, eu acho que não acreditaria. É claro que eu acredito em você, mas eu não tenho idéia do que poderia fazer ou de como ajudá-la. Mesmo que você diga que se sente feliz quando isso acontece, precisamos saber do que se trata. Eu gostaria de saber quem poderíamos consultar."

"Eu acho que eu sei o que é, Selim."

Sei?

Como eu podia saber? Como podia ter tanta certeza de que sabia? Não era eu que estava pedindo a ajuda de meu marido e me sentindo incapaz de explicar todos aqueles incidentes estranhos pelos quais eu estava passando? O que estava acontecendo comigo? Por que eu não conseguia dizer o que eu já sabia?

Eu estava em conflito com o meu próprio mundo interior, com o meu próprio advogado do diabo. O que eu queria dizer era apenas algo que eu sentia e esperava que fosse verdade. Como ninguém me dizia o contrário, eu tendia a acreditar no que pensava e essa crença era suficiente para me deixar feliz.

"O que você sabe, Stella?", perguntou Selim.

"Selim, você sabe que estive lendo um livro sobre anjos. Desde que comecei a ler esse livro, eu acredito que temos um anjo, embora não possamos vê-lo nem tocar nele. Desde esse dia, eu comecei a escrever para o meu anjo, assim como aprendi no livro. Eu estou pedindo a ele para fazer coisas pelo bem de todas as pessoas, especialmente para os doentes se recuperarem e pelas pessoas que se amam ficarem juntas e terem um lar feliz. Todas as coisas que eu pedi para o meu anjo estão acontecendo, Selim. Muitas pessoas sobre as quais eu escrevi estão se recuperando. E há um amigo meu que acabou de se casar embora ele dissesse que isso nunca aconteceria. Quando eu soube dessas boas notícias, agradeci ao meu anjo por ter permitido que eu compartilhasse com ele dessa felicidade e por ter atendido às minhas preces."

Eu estava muito feliz por ver Selim finalmente me ouvindo. Achando que não teria essa chance outra vez, continuei:

"Há uma coisa que eu queria destacar", eu disse pegando o livro. "Quero ler isso para você."

"*A realidade é algo que está muito além do que simplesmente vemos e ouvimos. A maioria de nós não vê anjos na forma física. Alguns vêem os anjos como uma luz tão ofuscante que nem podem olhar para eles por muito tempo. Se você vir um anjo, ele provavelmente estará numa forma que você pode aceitar.*"

"Você entende o que isso significa?", perguntei voltando-me para o meu marido. "Depois de ler este livro, passei a acreditar em anjos, escrevo para o meu anjo regularmente e ele, sabendo que acredito nele, apareceu para mim na forma de uma luz. E você sabe, Selim, que a minha maior fobia é ficar no escuro. Você sabe que, quando acaba a luz, até você encontrar as velas e levá-las até onde estou, eu fico olhando as estrelas. Basta uma estrela no céu para me deixar mais calma. E agora eu tenho um anjo. E esse anjo vai acender uma luz em mim quando eu estiver no escuro.

"Pense nisso só uma vez, Selim. Por favor, pense em tudo o que eu disse a você. Como o livro diz que os anjos assumem a forma que seria mais aceita, não é plausível que eu tenha escolhido ver o meu anjo na forma de uma luz?"

Selim me ouviu sem desviar os olhos. Ele parecia querer acreditar em mim, mas sentia dificuldade porque era o tipo de pessoa que precisa ver para crer.

Na verdade, eu não estava muito preocupada com os sentimentos dele na época. Eu achava que um dia ele acabaria acreditando em anjos. Até esse momento eu só queria me abrir para ele e contar sobre o que eu acreditava.

"Posso continuar, Selim?", perguntei.

"Pode, claro", ele disse. "Você sabe que eu não acredito nesse tipo de coisa, mas o que você está dizendo é muito interessante... Tenho de admitir que me faz pensar. Continue, estou ouvindo."

"Não é o que eu estou dizendo, Selim, é o que o livro está dizendo!" Eu fiz questão de corrigi-lo: "Eu estou lendo tudo isso para você diretamente do livro". Então continuei a ler.

"Historicamente, são comuns as aparições de anjos, mas trata-se de episódios raros e especiais."

"Bem, o que isso significa?", perguntou Selim. "Na sua opinião, você acha que estamos passando por uma situação especial?"

"Não sei", respondi. "Realmente não sei responder. Só quero uma coisa de você, Selim. Saber se você tem um argumento concreto e sensato contra o que eu estou dizendo, contra o que estou lendo para você. Se não tem, por favor não diga nada. Não questione as minhas crenças. Essa luz é o meu anjo. Tenho certeza de que ela é real e que me dá força, energia e proteção."

"Estou satisfeito com o modo como você a explicou e feliz em saber que você se sente bem com ela. No entanto, a minha cabeça ainda está confusa e, para mim, é muito difícil encarar esses acontecimentos assim como você."

"Não vou ficar falando a respeito disso com você a toda hora", respondi. "Nem espero que você se sinta da mesma forma que eu. Eu compreendo que você esteja confuso e que não consiga entender. Eu estou feliz com a minha crença, Selim. Só queria falar sobre ela com você, só isso."

Eu sempre me sentia satisfeita e feliz na minha casa. Essa noite foi um pouco diferente. O meu querido anjinho estava ao meu lado. Quantas pessoas teriam a sorte de poder ver o seu anjo? Antes de cair no sono, assim como fazia toda noite, eu agradeci a Deus.

❦

Naquela semana a nossa família viveu dois acontecimentos felizes ao mesmo tempo. As minhas queridas sobrinhas Melis e Yael resolveram se casar na mesma semana. Ambas estavam noivas de homens que amavam muito e estavam muito felizes. Eu mal podia acreditar que as minhas queridas sobrinhas já eram moças e iam se casar. A família inteira estava em polvorosa. Embora sentíssemos prazer em encontrar a família dos noivos e aceitar o seu convite para jantar, era tudo muito cansativo. Um mês depois do noivado, as duas irmãs se casaram numa cerimônia celebrada na mesma noite, no salão de festas de um hotel. Yael, que tinha uma bela voz, subiu no palco e cantou para a irmã mais velha a canção "We Cannot Separated", criando uma atmosfera de nostalgia entre os convidados.

Quando voltamos para casa, tarde da noite, estávamos mortos de cansaço. Como os meus filhos não estavam acostumados a dormir tarde, acabaram dormindo no carro. Eu estava planejando dormir até tarde no dia seguinte, pois era fim de semana. Pensei em não acordar Jeffrey para a aula de basquete, pois não seria má idéia se todos dormíssemos até tarde.

No meio da noite, eu acordei de repente. Achei que fosse porque não tomava bebidas alcoólicas fazia muito tempo. A minha cabeça latejava e eu estava me sentindo muito mal.

Para não acordar Selim, levantei da cama. No escuro do quarto, custei para encontrar um pé do chinelo. Achei que ele deveria estar debaixo da cama, mas a minha cabeça latejava tanto que eu não conseguia nem me abaixar para procurá-lo.

Descalça, eu corri para o banheiro. Quando ia acender a luz, desisti, pois achei que as lâmpadas fluorescentes iam tirar o meu sono. Para mim bastava a penumbra. Não tinha tempo a perder. Precisava chegar ao banheiro. Quando entrei, percebi que estava me sentindo tão mal que não conseguia nem ficar de pé. Quando tentei abrir a tampa do vaso, tive de me apoiar na parede para não perder o equilíbrio. Então vi a luz sobre o meu ombro esquerdo. O meu anjo estava mais uma vez comigo. Achei que, por estar passando mal, ele estava ali para me proteger.

Virei a cabeça para a esquerda. Eu queria vê-lo bem e, embora os meus olhos estivessem embaçados, eu queria observá-lo. Mas não consegui; não tinha forças para isso.

Eu estava usando um short e um camisão branco de tecido leve. De repente, senti algo na minha perna. Eu não consegui me curvar para olhar. Percebi que estava com medo de olhar. Instintivamente, bati o pé com força no chão.

Nesse momento, vi um inseto nojento de ponta cabeça. Um enorme inseto preto que estava rastejando na minha perna um pouco antes!

Fiquei gelada até os ossos. Ele estava vivo e tentando se desvirar. Por um instante pensei em matá-lo, mas não consegui encontrar nada por perto que servisse. Eu me sentia péssima. Sentia vontade de vomitar e não conseguia sair do banheiro. Era como se eu estivesse louca. Se eu gritasse, será que Selim me ouviria?

Enquanto o inseto lutava para se desvirar, eu pensei em contorná-lo rápido e chegar até a porta. Se a porta estivesse aberta, eu ficaria um pouco mais calma. Se eu gritasse, Selim poderia me ouvir. Quando cheguei perto da porta, o meu coração quase parou diante do que vi. Com dificuldade para respirar, um bolo na garganta me impedia de gritar.

Ai, meu Deus, o que é isto? Em todos os cantos do banheiro havia dúzias de insetos vindo na minha direção. Será que era um pesadelo? Mas e o meu anjo? Não era o meu anjo que eu ainda sentia no meu ombro? Ou ele também era parte do meu sonho? Não, mesmo que tudo fosse mentira, o meu anjo era real. Eu não só podia vê-lo como senti-lo também.

O meu anjo, que eu via como uma luz, pela primeira vez mudou de lugar. Quando ele passou do meu ombro esquerdo para a minha testa, era como se me perguntasse se eu acreditava mesmo nele e não tinha dúvida sobre a sua presença. Ele ficou bem na frente dos meus olhos.

Pela primeira vez eu pude vê-lo nitidamente. Era tão brilhante que até ofuscava os meus olhos. Diante dos meus olhos, ele ficou maior e, à medida que ficava maior, também ficava mais brilhante. Era como olhar para o Sol de uma distância de meio metro. Os meus olhos começaram a doer, como se estivessem sendo transpassados por agulhas; mesmo assim

• 51 •

eu não desviei os olhos da bola de luz. Era como alguém dentro de mim. Um ser humano, uma criatura viva.

Era como se ela estivesse tentando me dizer algo. As pessoas às vezes não conseguem explicar o que querem dizer, por isso, em vez de dizer, elas tentam mostrar. Era como se a bola de luz tivesse algo dentro dela que fosse incapaz de falar.

Alguns anos antes, eu tinha ouvido dizer que sentimos confiança naquilo que conhecemos, mas naquele instante eu percebi que isso era um engano. Quando olhei para a bola de luz, era como se ela estivesse me transferindo energia. Essa sensação me deu coragem. Mas a minha curiosidade continuava cada vez maior.

O que era aquilo? Aquelas coisas eram reais? No banheiro havia todos aqueles insetos e uma bola de luz. Eu achei que estava sonhando ou que estava enlouquecendo.

A bola de luz agora estava girando. À medida que ela girava, tudo o que estava diante do espelho começou a tremer, como se fosse um terremoto. Os meus olhos já não conseguiam acompanhá-la. Eu não conseguia mais olhar a luz. De repente, a lâmpada fluorescente estourou. O que eu não podia explicar ficou mais evidente quando vi fumaça saindo da lâmpada.

Eu já não me lembrava nem do medo nem do tremor que sacudia o meu corpo. Não conseguia me lembrar de nada com relação a essa noite.

"Acorde, Stella!"

A voz de Selim me acordou. Antes de abrir os olhos, eu pensei na noite que tinha passado. Eu estava na cama. Selim estava perto de mim e não havia nada de errado. Quando percebi que tudo não passara de um pesadelo, o meu alívio foi tão grande que nem pude explicar. A minha mente ainda estava preocupada com os insetos. Esses insetos sempre me assustavam. Ah, eu gostaria muito de me livrar daquelas fobias...

"Stella, você está acordada?"

"Estou, querido", respondi. "Tive uma noite horrível, Selim. Você poderia dar o café da manhã para as crianças?"

"Tudo bem, não se preocupe", ele disse com carinho. "Só quero perguntar uma coisa. Você foi ao banheiro hoje de manhã?"

Desde a infância, se algo me assustasse, eu tinha o hábito de tapar os ouvidos. Foi isso o que eu fiz sem pensar. Quando alguém gritava co-

• 52 •

migo, quando alguém se machucava, quando eu me sentia desamparada e impotente, eu sempre cobria os ouvidos com as mãos.

Eu acho que isso tinha relação com a vontade de me esconder atrás de algo, para me sentir mais segura. Agora eu estava fazendo a mesma coisa com Selim. Para não ouvir o que ele estava prestes a me dizer, para poder ouvir bem de longe e a dor fosse menor, eu tapei os ouvidos.

"Não, Selim", eu disse. "Eu não fui ao banheiro esta manhã. Por quê?"

"É inacreditável, Stella. A luz fluorescente do banheiro estourou; está uma sujeira danada lá! Tudo fora do lugar. Tudo o que estava em frente ao espelho caiu no chão. O vaso de que você gosta tanto está quebrado e... há mais uma coisa, Stella..."

Nesse momento eu me endireitei na cama e tirei as mãos dos ouvidos. Apesar de tudo, eu queria ouvir a verdade.

"O que é, Selim?", perguntei, me sentindo estranhamente mais confiante.

"Eu não queria que você visse e se sentisse mal, por isso eu varri o chão. Mas não posso deixar de lhe contar."

Eu olhei para o rosto do meu marido com ar de expectativa.

"No chão", disse Selim, "havia mais de vinte insetos mortos!"

3

Eu não tinha idéia de que um sábado comum mudaria completamente a minha vida. Tudo na minha vida estava fluindo tão bem! Então como eu poderia saber que, por causa do que estava prestes a acontecer naquela noite, eu teria de passar os dez anos seguintes cheia de incertezas e com medo até de pensar no que poderia acontecer em seguida?

No período de um ano, aproximadamente, não vimos nenhum inseto na nossa casa nem vivemos nada de excepcional. Embora eu não conseguisse esquecer o que tínhamos passado, eu ficava mais tranqüila ao pensar que tudo terminaria como começou e a nossa vida voltaria a transcorrer normalmente.

Mas, depois de tanto tempo, a visão daquela criatura horrível andando na bancada da cozinha enquanto eu lavava a louça trouxe de volta todos os meus medos. No meu subconsciente, matar aquela criatura detestável, como que para me vingar daquela noite horrível, era a solução para deter o que iria acontecer futuramente. Mas eu não tinha idéia de que tudo estava apenas começando.

Como todo sábado, tivemos um café da manhã maravilhoso. Enquanto folheava o jornal sobre a mesa, eu travava uma pequena discussão com Selim. Como sempre, ele só tinha me deixado o suplemento feminino. Eu queria que ele levasse Jeffrey ao basquete o quanto antes e me deixasse ler o jornal inteiro.

Deixei Selim à mesa e fui buscar o uniforme de basquete de Jeffrey no quarto dele. Abri as gavetas da cômoda e vi que o uniforme não estava ali.

Achando que ele devia ter guardado o uniforme na mochila, pensei com meus botões que o meu garotinho, afinal, já estava ficando mais responsável.

Eu desci as escadas e dei um grande beijo na bochecha do meu filho. Depois disse a Selim para não se atrasar. Enquanto Jeffrey calçava o tênis, eu quis dividir com ele a minha alegria.

"Muito bem, querido! Gostei de ver que você colocou o uniforme na mochila sem esperar que eu fizesse isso."

O meu filho me lançou um olhar intrigado.

"Que uniforme, mãe? Não coloquei uniforme nenhum na mochila!"

"Não colocou?", perguntei surpresa. "Então, você sabe onde ele está? Não estava na gaveta."

"Não, não sei."

"Bom, querido, então eu não devo ter olhado direito. Vou lá em cima buscá-lo."

Subi até o andar de cima e vasculhei as gavetas novamente. O uniforme não estava no lugar de sempre. Eu era uma pessoa organizada e sabia o lugar de cada coisa naquela casa; o uniforme de Jeffrey ficava sempre na segunda gaveta da cômoda. Será que a faxineira tinha colocado em outro lugar? Olhei em todos os lugares em que ele poderia estar e até onde não poderia, mas não encontrei nada!

Resolvi continuar a busca mais tarde. Coloquei outro uniforme sem passar na mochila de Jeffrey e mandei-o para o basquete com o meu marido.

O sumiço do uniforme tinha me deixado realmente intrigada. Resolvi ligar para Fátima, nossa faxineira havia 11 anos e praticamente da família, e perguntar onde ela tinha colocado o uniforme. A resposta me deixou realmente curiosa:

"Eu não peguei nem vi esse uniforme, Stella. Você sabe que é você quem cuida da roupa das crianças."

Eu não sabia o que pensar. Jessica estava feliz porque uma amiguinha ia chegar para brincar e eu logo iria para o meu quarto. Eu queria me concentrar na leitura do meu livro e me entregar aos meus pensamentos.

Quando estava lavando a louça na cozinha, nem sequer percebi quando a amiga de minha filha chegou. Acho que o barulho da água e a música que não me saía da cabeça não me deixaram ouvir a campainha da porta.

Quando ouvi Jessica falando percebi que a menina tinha chegado e fui depressa ao encontro delas. A mãe de Sibel veio também. Ela me explicou que deixaria a filha, pois tinha algumas coisas a fazer, e voltaria para buscá-la mais tarde.

"Seja bem-vinda!", eu disse com um sorriso. "Você não gostaria de entrar um pouco?"

"Olá!", cumprimentou a mãe de Sibel. "Se não se importa, agora eu tenho de ir, mas na volta terei prazer em tomar um café com você, é claro, se não for muito tarde."

Fiquei surpresa ao ver as rosas na mão dela.

Pensei, "Que mulher mais gentil! Quando deixo Jessica na casa de alguém, nunca levo nada!" Eu me senti meio constrangida.

"Encontrei essas flores na frente da sua porta, Stella", ela disse, "devem ser suas".

"Na frente da nossa porta?", não pude esconder a surpresa.

"É, elas estavam encostadas na porta."

Sem poder acreditar, peguei as flores que ela me estendia. Não havia nenhum cartão junto com o buquê. O mais interessante é que não havia nenhuma indicação da floricultura de onde ele viera. Quem poderia ter mandado aquele buquê de flores tão elegante? Que tipo de brincadeira era aquela?

Como não consegui encontrar um sentido para aquela estranha situação, pensei, "Vou desvendar esse mistério logo, logo" e procurei não pensar mais naquilo. O dono das misteriosas flores logo acabaria aparecendo.

Jessica estava tão feliz com a chegada da amiga que exibia um sorriso de orelha a orelha. Quando elas foram para o quarto dando risada, eu olhei as duas meninas com um sorriso.

Jessica, o meu anjinho, agora já era uma meninona.

Quando descobri que eu estava grávida, quatro meses depois de me casar, fiquei tão feliz que era como se o mundo todo me pertencesse. E, quando sofri um aborto um mês depois, fiquei muito abalada. Só consegui superar esse período difícil graças ao apoio e amor de Selim. Contudo, a morte do meu segundo filho quatro meses antes do nascimento, quando eu já havia me apegado à criança, deixou-me devastada. Por essa razão a minha filha Jessica era para nós exatamente o que o seu nome significava: uma bênção enviada por Deus.

No dia em que descobrimos que eu estava grávida, fomos direto para o médico. Depois de me examinar, o médico disse que eu poderia ter problemas durante a gravidez, por isso deveria tomar hormônios e ficar de repouso até o nascimento da criança.

Ao ouvir isso, Selim entrou em pânico e achou que o repouso forçado de oito meses me deixaria muito estressada. Eu recebi a notícia com calma e disse que estava disposta a fazer qualquer sacrifício para ter o meu bebê.

O bebê crescia a cada dia dentro de mim e os chutes que ele dava eram como avisos dizendo, "Não se preocupe, mãe, eu estou bem". Isso me dava forças e os meses passaram sem que eu percebesse. Eu esperava pacientemente pelo dia que pegaria o meu bebê no colo e não reclamava da minha situação.

Não sei por que, mas desde o primeiro dia eu soube que seria uma menina, e já tinha um nome para ela: Jessica!

Ouvi o nome Jessica pela primeira vez naquela época, quando assistia a um seriado de TV chamado "Fuga nas Estrelas". Eu me apaixonei pelo nome e prometi a mim mesma que a minha filha se chamaria assim.

Selim gostou tanto do nome quanto eu e chegou até a dizer, "Agora nós temos a nossa própria Jessica". Eu estava me sentindo a pessoa mais feliz do mundo e nem sequer me lembrava das dezoito horas de dor que eu tinha passado em trabalho de parto. Eu era mãe. Tinha nos braços a criança mais linda do mundo, pela qual eu daria a minha vida.

Essas doces reminiscências me alegravam. Eu não tinha mais vontade de procurar o uniforme perdido; só queria ir para o meu quarto e ler o meu livro em paz.

☙❧

Os dias passavam depressa e eu me mantinha ocupada com a casa, as crianças e as aulas de bridge. Apesar de atarefada, eu estava contente e não reclamava de nada.

Naquele dia, 19 de maio, as crianças não tiveram aula. Por essa razão, eu também cancelei todas as minhas aulas e decidi passar o dia em casa com elas. Acho que Jeffrey ficou entediado com duas mulheres em casa e resolveu descer para brincar com o filho do vizinho. Fiquei sozinha com a minha filha. Conversar sobre assuntos típicos da idade dela e falar sobre a vida particular da minha filha fizeram muito bem a nós duas. Jessica já era uma mocinha e eu queria que ela aproveitasse ao máximo aquela fase de sua vida. A minha adorada filha tinha de viver tudo de bom que a vida podia proporcionar.

Depois de uma longa e agradável conversa, eu preparei para ela um banho quente de banheira, perfumado com aroma de morangos, assim como ela queria. Depois fui para a cozinha preparar o bolo de chocolate tão apreciado pelas crianças.

Ela mal tinha acabado de entrar na banheira quando ouvi sua voz me chamando. Quando fui ver o que era, ela disse que havia se esquecido de tirar a pulseira e o relógio e me pediu para pegá-los. Eu os tirei do braço dela, deixei-os em frente ao espelho do banheiro e saí.

Eu estava preparando o bolo quando Jessica saiu do banho e entrou na cozinha.

"Mãe, onde colocou o meu relógio?", disse recém-saída do banho, com um sorriso puro e inocente.

"No banheiro, em frente ao espelho, meu bem", eu disse.

"Não, mãe, não está lá", ela respondeu. "Só achei a minha pulseira."

"Jessica, é melhor olhar direito", eu insisti. "Coloquei os dois ali. Talvez você não tenha visto."

A minha filha foi ao banheiro novamente e voltou. Quando ela disse que não tinha encontrado o relógio, eu achei graça e disse brincando:

"Talvez quem sabe ele tenha voado pela janela."

Quando fui ao banheiro, fiquei abismada ao ver que o relógio de fato não estava lá. No entanto, alguns minutos antes eu tinha tanta certeza de ter colocado o relógio em frente ao espelho, junto à pulseira, que era quase como se eu ainda o visse ali.

Mas o fato era que, infelizmente, ele não estava!

"Viu? Ele não está aí", repetiu a minha filha. "E você não acreditou!"

Eu fiquei parada ali sem saber o que pensar. Então, onde ele estaria? Quem teria pego o relógio? Como não havia mais ninguém em casa, não poderia ter sido uma pessoa! Comecei a ter pensamentos tolos. Como se não pudesse haver uma explicação lógica para o sumiço de um relógio! A minha filha estava tão agitada quanto eu e não parava de me fazer perguntas.

"Mãe, o que você acha que aconteceu com o relógio? Como ele pode ter sumido?"

Jessica tinha apenas 11 anos de idade. Como eu não queria que ela ficasse preocupada, tentei não demonstrar a minha ansiedade.

"Querida, acredite, eu também não entendo. Sabe, eu ando meio cansada ultimamente. Talvez tenha colocado o relógio em outro lugar sem perceber. Deixe-me pensar um pouco, eu sei que vou me lembrar. Vamos, venha me ajudar na cozinha. Vamos fazer juntas um jantar bem gostoso para o papai."

"Mas, mãe", retrucou Jessica, "sábado passado, quando estávamos saindo para ir à casa da vovó, você não conseguiu encontrar o blusão do meu irmão. Ficou brava e disse 'Onde se meteu esse blusão!', lembra?"

"Lembro, Jessica", assenti. "Mas depois eu o achei. Pelo jeito eu tinha colocado o blusão na cesta de roupa suja."

Acho que essa foi a primeira vez que menti para a minha filha. Se eu dissesse que não tinha encontrado o blusão a pobre criança ficaria mais apavorada ainda!

Quando Selim chegou em casa, contei a ele o que tinha acontecido, longe das crianças. Ele ficou surpreso e, logicamente, não conseguiu dar nenhuma explicação. Apesar de tudo, eu pude ver nos olhos dele que não tinha ficado preocupado. Eu gostaria de saber o que mais tinha de acontecer para que ele percebesse o quanto a situação era grave.

❦

Um ano tinha se passado desde que nos mudáramos para a nossa nova casa. Desde o primeiro dia em que as coisas começaram a sumir, eu não consegui entender o que estava acontecendo. Eu ficava pensando "Uma hora isso vai aparecer" e sempre deixava para procurar o objeto um outro dia. Mas dessa vez a situação era bem diferente. Primeiro o blusão de Jeffrey, depois o uniforme e agora o relógio de Jessica! Eu não poderia mais me fingir de cega. Uma coisa muito séria estava acontecendo. Mas o quê?

O inverno veio e foi embora. A chegada da primavera era uma fonte de novos sentimentos para mim. Nesses dias de tempo bom, não me agradava nem um pouco a idéia de ficar presa dentro de casa o dia inteiro, e dar aulas de bridge não me era tão prazeroso. Se eu não gostasse tanto do meu trabalho, provavelmente pensaria em fazer outra coisa.

Não aconteceu muita coisa no verão. Eu ficava constantemente imaginando que passaríamos a estação toda na ilha Burgaz. Na minha infância e na adolescência, costumávamos passar o verão em Buyukada, uma das ilhas do mar de Mármara. Depois que me casei, eu me tornei uma autêntica habitante da ilha Burgaz. Passar três meses à beira-mar, apreciando a costa que eu amava imensamente, era uma coisa que não podia faltar na minha vida.

Eu tinha acabado de voltar do trabalho. Antes de preparar o jantar, deitei no sofá só para tirar um cochilo. Selim telefonou para avisar que chegaria tarde para jantar, pois levaria a mãe doente ao médico.

Estávamos todos chateados por causa da doença de minha sogra, por isso eu disse a ele que gostaria de acompanhá-los ao médico para ouvir o que ele tinha a dizer. Enquanto eu me vestia apressadamente, pensava com preocupação na minha sogra, que era como uma mãe para mim.

A minha sogra recebeu o diagnóstico de mal de Parkinson. Suas mãos tremiam e ela não controlava mais o movimento dos pés. Depois de um certo tempo, ela começou a esquecer as coisas e passou a ter dificuldade para entender o que as pessoas diziam. A minha sogra era uma mulher bonita e agradável. O seu gosto pela vida, o seu jeito moderno e intelectual, apesar da idade, assim como a personalidade jovial e o rosto sorridente faziam dela uma pessoa realmente espetacular.

Agora, testemunhar dia a dia o declínio dessa mulher, que era um sinal dos anos difíceis que ela tinha pela frente, era uma experiência dolorosa para todos nós. Ela já não podia ficar sozinha, por isso contratamos uma acompanhante para ela. Sempre que tinha uma folga no trabalho, eu ia visitar a minha sogra e ajudá-la no que fosse possível.

Nessa manhã, assim como sempre acontecia depois que as crianças iam para a escola, eu fui me arrumar para sair. Eu tinha um longo dia pela frente e, por algum motivo, não estava me sentindo muito bem. Eu estava angustiada, como se algo ruim fosse acontecer e eu fosse receber más notícias. Telefonei para a minha mãe. Como eu passaria o dia inteiro sem falar com ela, queria apenas ter certeza de que ela estava bem. Mais tarde, embora eu tivesse pensado em ligar para a minha irmã, achei que ela poderia estar dormindo e não quis incomodá-la.

Pensei com meus botões que seria uma sorte se a primeira aula fosse cancelada. Ou talvez eu não precisasse trabalhar o dia inteiro. Na verdade, eu poderia simplesmente ligar para meus alunos e dizer que não estava me sentindo bem e não poderia dar aula, mas isso era contra os meus princípios. Eu não ia desmarcar meus compromissos com todo mundo só porque estava me sentindo deprimida.

Saí de casa depois de fazer uma maquiagem leve. Quando já estava descendo pelo elevador, lembrei-me de que tinha esquecido a carteira em casa. Pela manhã, eu havia pedido ao zelador para fazer algumas compras para nós e tinha esquecido a carteira na mesa da sala, depois de pagá-lo. Depois de abrir a bolsa, percebi que a carteira não estava lá. Pelo menos eu não tinha saído ainda!

Ao voltar para pegar a carteira, notei que havia uma rosa ao lado dela. Havia apenas uma rosa sobre a mesa. Embora surpresa, pensei alegremente que tinha sido um belo gesto de Selim. Ele simplesmente gostava de me surpreender com esse tipo de coisa. O estranho era o fato de eu não ter notado antes.

À noite, quando voltasse para casa, seria uma boa idéia comprar algo para ele. Mas primeiro resolvi telefonar e agradecer pela rosa.

Ele deve ter percebido pela minha voz o quanto eu estava feliz ao dizer, "Bom-dia, amor!"

"Bom-dia, meu bem. A sua voz está ótima!"

"Está mesmo!", concordei. "A rosa que eu ganhei do meu amor me deixou feliz."

"Que rosa? Não entendi."

"Não brinque, eu já estou atrasada para a aula", eu disse rindo. "Obrigada pela flor, querido. Foi como um bálsamo para mim esta manhã."

"Stella, eu não comprei flores para você!"

"Como assim?", perguntei surpresa. "Você não deixou uma flor na mesa da sala?"

"Não, eu nem sei do que você está falando!"

De onde tinham vindo o buquê de flores deixado na porta de casa três meses antes e a flor deixada sobre a mesa essa manhã? Quem estaria deixando rosas? Quando a mãe da amiga de Jessica disse que achou o buquê na frente da porta, eu fiquei surpresa, mas não pensei mais a respeito. Tirei o fato da cabeça. Mas agora essa rosa estava dentro da minha casa e eu tinha certeza de que não a vira antes de sair. Eu tinha esperança de estar enganada. Quem sabe? Talvez ela estivesse lá e eu não tivesse percebido. Talvez a flor fosse das crianças. Quem sabe minha filha tivesse ganho de algum garotinho?

❦

Por causa do Kurban Bayram, a Festa do Sacrifício, a maioria das minhas aulas da semana foi cancelada. Embora há muito tempo eu precisasse de um feriado prolongado, a doença de minha sogra não permitiu que viajássemos. A decisão de ficarmos todos juntos em casa, passando alguns dias tranqüilos, também me agradou.

Como eu tinha tido uma semana cheia de trabalho, não pude dar muita atenção à minha família. Acho que a minha filha Jessica era a que mais se ressentia disso. Embora ela insistisse em me dizer que ficava feliz ao me ver dando aulas, ao mesmo tempo dizia à professora que não conseguia estudar porque sentia falta da mãe, que trabalhava muito. Isso me deixava chateada e sem saber como agir.

Se eu desistisse das aulas, podia passar mais tempo em casa, mas os negócios de Selim não iam muito bem. Os seus ganhos não eram suficientes para pagarmos a escola das crianças e as despesas da casa. Era por isso que eu tinha de contribuir com as despesas e trabalhar duro para termos uma vida mais confortável.

Durante todo o feriado, fizemos vários programas a cada dia e levamos as crianças para passear onde elas queriam. A minha maior alegria era estar com eles e compartilhar da sua felicidade. Nesse dia íamos almoçar na minha sogra e depois levar as crianças para esquiar. Eu simplesmente não tinha tido tempo para me arrumar depois de providenciar as roupas das crianças. Estava correndo o máximo possível para não fazê-los esperar.

Jeffrey veio até mim e disse, "Mãe, tinha um inseto enorme no meu quarto, mas eu não fiquei com medo e matei-o".

Isso me fez ir mais devagar. Pensei comigo mesma, "Desta vez eu não vou me apavorar nem deixar que isso nos afete".

Selim, assim como das outras vezes, estava ficando impaciente. Ele já tinha avisado Jeffrey e Jessica de que estava nos esperando no carro.

Em poucos minutos eu me aprontei também. Quando saí do quarto e me dirigi para a porta da frente, ouvi um barulho vindo de dentro da casa. Assustada, corri para o lugar de onde ele viera. Então vi que o barzinho da sala tinha desmontado. Tudo estava espalhado pelo chão e quase todas as garrafas tinham se quebrado.

De tanto medo, as minhas mãos e pernas começaram a tremer. Por um instante, só fiquei ali, olhando toda aquela bagunça, desnorteada. Não conseguia entender como um móvel daquele tamanho poderia desmoronar de repente. O mais incrível é que as quatro pernas tinham se quebrado ao mesmo tempo. Eu lutava para não pensar em nada ruim. Depois de todas aquelas experiências estranhas, eu já criara o hábito de tentar encontrar algum sentido para elas.

Eu não podia deixar a sala naquele estado. Desci pelas escadas e avisei Selim sobre o que tinha acontecido. Quando ele disse que não me deixaria sozinha e que subiria comigo, eu insisti para que não estragasse o programa das crianças e fossem almoçar na casa da mãe dele. Enquanto isso eu limparia toda a sala e me encontraria com eles depois.

Selim ficou visivelmente aborrecido com a situação. Eu estava tentando pensar de modo positivo e me convencer de que tudo não passava de uma daquelas coisas que podiam acontecer na casa de qualquer pessoa.

Antes de voltar para a sala, fui ao quarto vestir roupas mais confortáveis. Eu não sabia nem por onde começar. Não seria fácil juntar todas aquelas garrafas quebradas e limpar toda bebida esparramada pelo chão.

Peguei o aspirador e alguns panos de chão e fui para a sala. Mal tinha começado o trabalho quando parei, estarrecida diante do que vi. As pernas quebradas do móvel, que cinco minutos antes estavam no chão, agora estavam – todos as quatro – sobre o tampo do bar. Isso era loucura. O meu coração batia tão rápido que chegava a doer, e eu estava morta de pavor.

Estávamos sozinhos na casa.

Eu e "eles"...

Eu tinha de correr se quisesse salvar a minha vida!

Enquanto corria para fora de casa em pânico, percebi que calçava chinelos e tinha esquecido a minha bolsa. Emprestei dinheiro do porteiro do prédio e peguei um táxi, direto para a casa da minha sogra.

A casa dela ficava a quinze minutos da nossa. Para mim esse trajeto pareceu demorar uma hora. Por causa do meu péssimo senso de direção, nós entramos em várias ruas erradas e nos perdemos. Por fim, o motorista do táxi se virou para mim e perguntou:

"Madame, está tudo bem com a senhora? Podemos voltar se quiser."

Isso me deixou ainda mais assustada. Não! Eu não queria voltar àquela casa! Aquela não era a casa onde eu teria paz e tranqüilidade e onde eu criaria meus filhos; nem era o lar acolhedor do qual nos lembrávamos. Eu nunca mais voltaria lá. Não poderia voltar.

Na realidade, tínhamos de nos mudar de lá o quanto antes! Havia certas coisas naquela casa que não tinham nada a ver com seres humanos. Aquele lugar era amaldiçoado! Os insetos, os objetos que sumiam e os acontecimentos estranhos não eram coisas com as quais poderíamos criar nossos filhos. Eu não tinha o direito de fazer isso com eles!

Enfim, depois de muita dificuldade, chegamos à casa da minha sogra. Eu nem sequer conferi o troco que o taxista me deu e, ao entrar no prédio, não consegui esperar pelo elevador. Eu queria me sentir segura e em paz com o meu marido e meus filhos.

Resolvi subir pelas escadas até o quarto andar. Escalei os degraus dois a dois. De repente, as luzes automáticas se apagaram e eu mergulhei na escuridão.

Agora eu estava apavorada e chorando. Não podia ver um passo à minha frente.

Por fim, senti como se estivesse diante de vários olhos brilhantes. Eram os insetos, vindo mais uma vez na minha direção!

Não, não! Era demais! Eu não ia suportar! Que insetos poderiam subir escadas mais rápido do que um ser humano?

Em que andar eu estava? Em frente a que porta eu estava? Selim! Onde estava Selim? Ah, meu Deus, por que eu não conseguia ver nada? Por quê?

"Stella?"

"Pai, a mamãe está bem?"

"Crianças, vão para dentro, por favor."

"Mãe, acorde! O que aconteceu com você?"

Eu podia ouvir as vozes de Selim, Jessica e minha sogra. O que havia acontecido comigo? Eu tinha desmaiado?

A minha cabeça latejava e eu não conseguia abrir os olhos nem responder a nenhuma pergunta. Achava que era Selim segurando a minha mão. Aquela voz chorosa era de Jeffrey? Quando tentei me levantar, senti uma dor horrível nas costas.

"O que aconteceu comigo?", perguntei, mal conseguindo articular as palavras.

"Está tudo bem, querida, nada para se preocupar", disse Selim. "Você desmaiou."

A voz reconfortante do meu marido fez com que eu começasse a me sentir melhor. Mas ainda tinha vontade de chorar. Chorar por tudo o que havia acontecido. No entanto, eu não podia fazer isso na frente das crianças, que já estavam abaladas. Não importava a situação que eu tivesse de enfrentar, teria de ser forte. E fazer confidências àqueles que não tinham passado pelo mesmo que eu não me parecia adequado. Mas agora eu já não tinha medo. Tinha de ser forte e destemida.

Será que tudo estava na minha imaginação? A coisa que tinha me causado o desmaio, o choque pelo qual tinha passado minutos antes e os insetos? O incidente em casa e a minha luz eram reais, mas eu ainda não tinha certeza quanto aos insetos.

"Selim, você viu os insetos em frente à porta?", perguntei.

"Stella, não pense nisso agora."

"Por favor, eu preciso saber", insisti. "Você viu os insetos em frente à porta, nas escadas, em qualquer outro lugar, ou onde eu desmaiei?"

Agora eu estava gritando. O meu marido baixou a cabeça e engoliu em seco. Sem dizer palavra, ele largou a minha mão e virou para a janela. O que isso significava? O que o meu marido poderia estar escondendo de mim?

Percebi que ele não ia falar. A resposta iria me deixar apavorada. Os insetos seriam os responsáveis pela minha maldição? Eu não sabia.

Como eu não quis ir para casa naquela noite, ficamos todos na casa da minha sogra. Depois de deixar as crianças dormindo no quarto de solteiro de Selim, fomos para o quarto da minha sogra. A cama me parecia cheia de espinhos. Embora ele se esforçasse para disfarçar, Selim também não estava tranqüilo. Era evidente que teríamos uma longa noite insone pela frente.

"Selim, há coisas realmente ruins acontecendo na nossa casa, você entende? As nossas coisas desaparecendo, aqueles insetos de que não conseguimos nos livrar e agora esse acidente com o bar. Mas você só acredita no que vê e finge que essas coisas não estão acontecendo. A sua falta de interesse está me enlouquecendo. Pelo menos uma vez, você poderia, por favor, olhar o que está acontecendo na nossa casa, mas não apenas com o que você vê com os olhos?

"Quando a sua calça *jeans* novinha sumiu, você reclamou como se ela fosse muito mais importante do que todas as outras coisas que também sumiram. Quando viu o banheiro se transformar naquela zona de guerra e viu mais de vinte insetos mortos no chão, talvez você tenha se convencido de que coisas incomuns e nada naturais estavam acontecendo. Mas foi tudo. Você não fez nem um esforço para levar em conta o que eu poderia estar sentindo ou tentar falar do assunto. Para você, qualquer coisa pode acontecer na vida. Tanto pode acontecer quanto acabar naturalmente." Olhei para o meu marido com um olhar insistente. "Mas essas coisas que estão acontecendo não são tão simples assim, Selim. Você simplesmente não pode tentar ignorar tudo!"

"O que você quer que eu faça, Stella?", perguntou Selim, com ar de impotência. "O que eu poderia fazer?"

"Eu também não posso fazer nada, Selim", respondi. "Tudo o que eu quero é que você fique comigo. Não finja que nada está acontecendo. Comportando-se assim você só está enganando a si mesmo, não a mim!"

"Eu teria de ser louco para dizer que não está acontecendo nada, Stella. Estou muito ciente de tudo. Mas eu só não sei o que fazer e por isso estou tentando fugir."

"Sabe, assim como eu sei que aquela luz é o meu anjo que aparece para me proteger, sei também que aqueles não são insetos comuns", refleti. "Selim, existe algo de errado com aqueles insetos. Primeiro você tem de entender uma coisa. Sempre que eu os vejo, em seguida acontece alguma coisa estranha. Veja, por exemplo, antes não passávamos por nenhuma experiência incomum. Pelo menos isso chamou a sua atenção? Durante um ano inteiro, nós não vimos nem sequer um inseto. Tenho certeza de que os insetos estão ligados aos acontecimentos estranhos."

"Eu acredito em tudo que você diz", garantiu Selim. "O seu anjo e aqueles malditos insetos não são uma coisa comum. Tudo bem, mas você tem alguma sugestão? O que poderíamos fazer? Quando alguém fica doente, vai ao médico. Quando algo quebra, levamos ao conserto. Neste caso, onde devemos ir? A quem poderíamos pedir ajuda e como?"

De repente eu me lembrei da sra. Nilgun, uma médium muito famosa. Ela era amiga da minha sogra desde que eram mocinhas. Embora não se vissem há muitos anos, eu tinha certeza de que nos ajudaria se eu quisesse. Não sei por que eu não tinha pensado nisso antes.

"Já sei!", eu disse de repente. "A sua mãe tem uma amiga que ela não vê há muitos anos. Essa mulher é médium. A sua mãe me disse que ela já curou muitas pessoas doentes e que ajuda pessoas que estão na mesma situação que nós. Eu vou procurá-la. Talvez ela possa nos ajudar."

No dia seguinte, a primeira coisa que fiz foi conseguir o telefone da sra. Nilgun e telefonar para ela. A minha única esperança era conseguir uma consulta nesse mesmo dia. Mas a mulher que atendeu ao telefone disse que a sra. Nilgun estava viajando e só voltaria dali a alguns dias. Diante dessa notícia, e sem alternativa, marquei uma consulta para a semana seguinte. Esperei com expectativa o dia da consulta.

Passaram-se alguns dias e tivemos de reservar o domingo para as crianças. Depois de levar Jessica às aulas de dança moderna, encontramos alguns amigos e fomos almoçar. No final da tarde, quando chegou a hora de ir para casa, eu tive o mesmo sentimento incompreensível de angústia. As crianças ainda não tinham terminado a lição de casa e ter de voltar para casa por causa disso me deixava aborrecida. Quando chegamos perto de casa, eu comecei a me sentir realmente mal.

"Selim, eu não quero ir para casa."

"Por que, Stella, o que aconteceu?"

"Não sei, mas acho que a consulta de amanhã está me deixando nervosa", respondi. "Estou curiosa para saber o que a sra. Nilgun vai me dizer e sei que voltarei para casa com boas notícias. Você poderia dar só mais uma volta de carro?"

Essa idéia agradou às crianças. Voltar para casa com a obrigação de estudar, depois de passar um dia tão agradável, não era um programa muito atraente aos olhos delas. Passeamos de carro pela cidade durante uma hora, ouvindo, como sempre, uma das fitas de Baris Manco.

Ao voltar para casa, as crianças foram para o quarto estudar e eu fui para o meu, trocar de roupa. Quando acendi a luz percebi que a volta de carro não tinha me tranqüilizado nem um pouco. Eu só conseguia pensar na consulta do dia seguinte. Eu tentava adivinhar o que a sra. Nigun me diria. Eu sabia que as experiências pelas quais eu estava passando talvez não fossem suficientes para ela chegar a uma conclusão. Mas eu descobriria tudo isso no dia seguinte.

Quando entrei no quarto, tirei os sapatos para não sujar o carpete branco. Mas, ao entrar, notei que tinha pisado em alguma coisa. Quando me abaixei para ver no que tinha pisado, percebi que havia a mesma coisa em outras partes do carpete.

Era algo parecido com chocolate. Bem, o que aqueles pedaços de chocolate estavam fazendo no meu quarto, sobre o meu precioso carpete? Os meus filhos não fariam isso e, de qualquer modo, não havia nenhum chocolate em casa!

Eu tentava filtrar esses pensamentos mentalmente, procurando saber de onde tinham vindo aqueles pedaços de chocolate. Só a idéia de limpar aquilo tudo já estava me deixando maluca. Primeiro eu tinha de catá-los e depois esfregar o carpete com detergente, para que não ficasse nenhuma mancha.

Eu tinha pisado num deles e não podia ficar andando pelo carpete para não sujá-lo mais ainda. Quando eu estava quase chamando Selim, para pedir que trouxesse um saco plástico, a verdade do que vi me deixou chocada!

Quando peguei a coisa na mão, percebi, completamente horrorizada, que se tratava de excremento humano!

Eu não estava preparada para o choque. As minhas mãos e pernas começaram a tremer, o meu estômago revirou e eu tive de me controlar para não gritar.

O que significava aquilo?! Talvez as criaturas presentes na nossa casa estivessem dando a sua última cartada contra mim. Os meus filhos não veriam aquilo. Para não levantar suspeitas, chamei Selim num tom de voz normal.

"Selim, querido!", chamei da maneira mais calma possível. "Poderia vir até aqui e fechar a porta, por favor?"

"O que aconteceu, Stella?", ele perguntou. "Você não parece nada bem."

Agora eu já não conseguia me controlar e parecer calma. Comecei a gritar como louca.

"Dê uma olhada no chão. Isso é excremento humano!"

Selim olhou para chão com um olhar surpreso e apavorado.

"Não pode ser!", ele disse num sussurro. "Quem fez isso? De onde veio isso?"

Eu chorava tanto que não conseguia falar. Nós dois desmoronamos. Enquanto eu me encolhia nos braços do meu marido, confuso e impotente, não conseguíamos nem falar. Essa era a primeira vez que eu via Selim realmente mal. Apesar de tudo, ainda era ele quem me dava forças.

"Meu bem, já passamos por muita coisa juntos e tivemos experiências incríveis e inacreditáveis", ele disse. "Você é uma mulher forte e vou lhe pedir mais uma vez que tenha paciência e agüente firme. Só mais um pouco, querida. Só esta noite. Não se esqueça de que amanhã a sra. Nilgun vai resolver tudo!"

Eu tinha pensado a mesma coisa; essa era a melhor coisa que Selim poderia dizer. Se não fosse isso, eu teria ficado ensandecida em meio àquela confusão. Mesmo não acreditando, eu sempre tentava pensar de modo positivo. Em todo caso, o dia seguinte seria uma data importante em vista do que aconteceria; pelo menos era assim que eu pensava, e com isso em mente eu rezei a noite toda.

"Stella, você não está pensando em ir sozinha na consulta, está?"

Selim estava preocupado comigo. De qualquer maneira, mesmo que eu estivesse pensando em ir sozinha, agora estava tão fraca que não conseguiria ir a lugar nenhum.

"Não, querido", eu disse tentando parecer forte. "Vou com Mary, não se preocupe."

Mary era uma amiga de infância. Nossos pais eram inseparáveis desde que namoravam. Eles tinham ficado noivos e se casado na mesma época e eu e ela tínhamos nascido mais ou menos no mesmo período.

Mary e eu crescemos juntas como se fôssemos irmãs. Ela sempre foi a minha amiga querida com quem eu tinha prazer em estar. Nunca me esqueceria da sua amizade, pois ela era uma amiga de verdade. Ela tinha um jeito muito quieto e introvertido. Só falava quando lhe perguntavam algo e todos costumavam parar para escutá-la. Eu dava muito valor às opiniões dela e sempre que tinha um problema procurava os seus conselhos. Especialmente nessa época conturbada para mim, ela me dava um grande apoio.

4

Eu encontrei a sra. Nilgun pela primeira vez quando Jessica tinha um ano. Era um dia de verão e a minha sogra, a minha filha e eu resolvemos ir da ilha Burgaz para Buyukada, ver a minha mãe. Ela nos encontrou no cais do porto e sugeriu que fôssemos comer frutos do mar antes de ir para a casa dela. Enquanto procurávamos um lugar para sentar, a minha mãe mal podia esperar para tirar Jessica do carrinho e pegá-la no colo.

Jessica era uma criança quieta e meiga. No colo ou no carrinho, ela sempre se comportava bem, não aborrecia os adultos e brincava sozinha. Nós fizemos os pedidos ao garçom e, enquanto esperávamos a comida, Jessica brincava com o colar dourado no pescoço de minha mãe. Ela tentava arrancar o pingente de coração que estava pendurado no colar, mas a minha mãe não se importava, pois simplesmente adorava a neta. Apesar da minha recusa, a minha mãe tirou o colar do pescoço e disse:

"Enquanto almoçamos, deixe-a brincar com o colar no carrinho. Eu estou perto dela, não tem perigo."

Bem nesse momento o coração caiu do colar e rolou pelo chão. Por mais que eu e a minha mãe procurássemos, não o encontramos. Como estávamos à beira-mar, pensamos que ele tivesse caído na água.

Nesse momento, apareceu a sra. Nilgun, que eu só conhecia de nome. Depois de beijar a minha sogra e me cumprimentar, a minha sogra contou a ela sobre o sumiço do coração. Depois de pensar um pouco de olhos fechados, a sra. Nilgun olhou para nós e disse:

"Ele deve estar embaixo da mesa ao lado. Abaixem-se e olhem ali que vocês encontrarão."

De pé ao nosso lado, ela nunca poderia ter visto o pingente de coração embaixo da mesa. Eu fiquei realmente surpresa. Era a primeira vez que eu encontrava uma médium. E pensei, "Então isso é que significa ser uma médium!"

Depois dessa ocasião, um ano se passou. Uma amiga minha estava com problemas sérios e eu não sabia como ajudá-la. Um dia, quando ela me disse que tinha consultado uma vidente mas não havia entendido uma palavra do que ela dissera, eu me lembrei da sra. Nilgun. Quando contei à minha amiga sobre ela, a minha amiga me pediu para que lhe marcasse uma consulta sem demora, de preferência em sua própria casa. A sra. Nilgun aceitou e atendeu a minha amiga alguns dias depois.

Como ela insistiu muito para que eu estivesse presente – "Venha também, por favor; não me deixe sozinha" –, cheguei na casa de minha amiga um pouco antes da hora marcada. Quando a sra. Nilgun chegou, já tínhamos feito café e conversado um pouco. A minha amiga então explicou os seus problemas rapidamente. A sra. Nilgun, depois de ouvi-la com atenção, pediu que ela providenciasse uma bacia de alumínio, um lençol branco e água limpa.

Depois de tudo pronto, a médium, sem se levantar, começou a dizer à minha amiga o que fazer.

"Coloque a bacia no meio da sala, depois despeje água dentro dela até a metade e jogue o lençol por cima, para cobri-la totalmente."

A minha amiga fez exatamente o que a sra. Nilgun pediu e sentou-se ao nosso lado. Nós três estávamos fumando cigarros. Depois de conversarmos um pouco, começamos a ouvir barulhos estranhos vindos de dentro da bacia.

A sra. Nilgun de repente se levantou e mandou que apagássemos imediatamente os cigarros.

Cheias de curiosidade, observávamos para ver o que aconteceria em seguida. Os barulhos na bacia foram aumentando e tivemos a impressão de que havia coisas explodindo ali dentro. A sra. Nilgun ficou de pé do outro lado da bacia, falando como se houvesse alguém lá, ouvindo e respondendo a perguntas. Era como se houvesse pessoas ali que não estávamos enxergando, e a única coisa que consegui compreender com clareza foi: "Tudo bem, senhor. É claro, senhor."

Isso se prolongou por alguns minutos. Os barulhos aos poucos foram diminuindo até desaparecer completamente. Depois a sra. Nilgun se aproximou de nós e acendeu um cigarro. Ela parecia realmente cansada. Por um instante não falou nada. Depois de dar algumas longas tragadas no cigarro, era como se ela não estivesse mais conosco, mas bem longe dali. Até que ela quebrasse o silêncio, nós nos mantivemos quietas.

"Bem, vejamos agora o que conseguimos", disse ela. "Podem levantar o lençol."

Ficamos as três de pé ali, de olhos arregalados.

E, antes de olhar a bacia, eu olhei bem nos olhos da minha amiga para ter certeza de que ela estava bem.

"O que é isso? Como é que a água ficou desse jeito?!"

A voz alarmada de minha amiga me assustou. Julgando que ela talvez precisasse de ajuda, eu a segurei pelo braço. Na verdade, eu estava sem coragem de olhar a bacia à minha frente.

Era realmente inacreditável. Eu agora entendia por que a minha amiga estava tão chocada e a razão de ter gritado. A água limpa com que ela enchera a bacia tinha se transformado numa lama escura com a aparência de esgoto. Era como se não houvesse mais água ali. Ali dentro havia vários objetos que eu não consegui identificar, um punhado de cabelo emaranhado, uma chave coberta com algas do mar, um pequeno punhal e um Alcorão. Isso é tudo o que me lembro daquele dia.

A sra. Nilgun, depois de tirar todos esses objetos da bacia e guardar num saco plástico, fez um comentário sobre cada um deles. Ela disse que todos eles tinham vindo do mar e que se tratava de um feitiço para prejudicar o casamento de minha amiga. Enquanto explicava como havia quebrado o feitiço e salvado o casamento de minha amiga, a confiança dela realmente me impressionou. Eu acreditei nela. Não havia mais nada a fazer senão esperar.

Enquanto bebíamos mais uma xícara de café, a minha amiga parecia aliviada. Fazia tempos que eu não a via tão descontraída. Achei que ela também tinha acreditado na sra. Nilgun.

Conversamos amigavelmente durante alguns minutos. À medida que começava a ganhar confiança, eu me senti mais à vontade para fazer uma pergunta à médium e matar a minha curiosidade:

"Sra. Nilgun, ouvi falar que a senhora é capaz de levantar uma mesa usando apenas um dedo. É verdade?"

Ela respondeu com um sorriso.

"Não posso negar. E só Deus sabe o quanto você está curiosa para me ver fazendo isso!"

Todas nós rimos do comentário.

"Claro que estou! Não preciso mentir", afirmei, com um sorriso.

A minha amiga também garantiu que gostaria de ver essa proeza e insistiu para que a sra. Nilgun nos mostrasse.

"Ah, parem", disse ela. "Estou cansada demais por causa do trabalho que acabei de fazer. Deixem-me beber o meu café em paz e depois eu lhes mostro."

"Jura?", perguntei. "A senhora vai levantar a mesa?"

Eu estava empolgada como uma criança. Tínhamos passado um dia interessante e eu queria que ele continuasse assim.

"Vou", confirmou ela. "Mas primeiro tenho de ver se a mesa é adequada."

Na sala de jantar da minha amiga havia uma mesa oval de madeira com oito cadeiras. Parecia uma mesa pesada e, em circunstâncias normais, só poderia ser erguida com dificuldade por duas pessoas. Eu mal podia acreditar que a sra. Nilgun ia levantá-la apenas com um dedo.

"Vamos lá, deixe-me dar uma olhada. Já estou pronta", ela disse aproximando-se da mesa.

Ficamos observando na maior expectativa.

A sra. Nilgun primeiro contornou a mesa, concentrando-se. Depois parou do outro lado, bem na nossa frente. E aí começou a falar exatamente como tinha falado diante da bacia. Embora parecesse que ela estava falando consigo mesma, ela não estava, pois estava num mundo diferente do nosso. Um mundo diferente que não poderíamos compreender nem conhecer.

Subitamente, eu vi a mesa começar a subir bem devagar. Quando olhei para a minha amiga, pude ver no rosto dela que ela estava apavorada. Para comprovar, ela se aproximou de mim e apertou a minha mão. Eu estava eletrizada, mas não sentia medo. Acho que isso se devia à confiança que eu tinha na sra. Nilgun.

A mesa estava agora uns trinta centímetros acima do chão. A sra. Nilgun tinha conseguido levantar a mesa usando apenas um dedo da mão direita, enquanto com a outra ela procurava manter o equilíbrio da mesa. Por um momento a mesa se inclinou a ponto de pensarmos que ela cairia sobre nós. A sra. Nilgun, no entanto, disse:

"Tenha cuidado, por favor; volte um pouquinho", tentando direcionar a mesa.

"Pois bem!", disse ela ao terminar. "Agora vocês podem fazer as perguntas que quiserem."

Isso era algo que não esperávamos. A minha amiga e eu então fizemos todas as perguntas que nos ocorreram. Por mais estranho que pareça, todas as respostas, com o tempo, vieram a se confirmar.

Quando ela estava baixando a mesa, pudemos ver o quanto parecia cansada. Apesar de tudo, estávamos felizes e surpresas ao ver do que era capaz o poder humano.

Nesse dia tínhamos visto duas maravilhosas *performances* da sra. Nilgun. Foi um dia interessante e inesquecível para nós.

Anos se passaram depois desse dia. Depois de conhecer a sra. Nilgun pessoalmente e testemunhar suas habilidades, desconfiar dela estava fora de cogitação.

Quando chegamos à casa dela, alguém atendeu à porta. Ao me apresentar, fomos levadas à sala de espera, pois a sala de estar estava lotada.

Não demorou muito para a sra. Nilgun nos atender. O seu rosto sorridente e o jeito amigável me agradaram. Durante algum tempo falamos sobre amenidades. Depois ela perguntou como estava a minha sogra e pediu uma fotografia minha. Quando eu disse que preferia descrever eu mesma o problema, ela discordou com a cabeça e disse, "Passe-me a fotografia e eu vou consultar o oráculo da água lá dentro. Então descobrirei o que eu tenho de fazer". Dizendo isso, ela deixou a sala.

Mary e eu esperamos ansiosas até que ela voltasse. Ela conseguiria entender o problema apenas consultando um oráculo? Fosse qual fosse o problema, ela seria capaz de encontrar uma solução?

Depois de alguns minutos a sra. Nilgun voltou. Ela olhou diretamente nos meus olhos e pareceu sentir dificuldade para me dizer o que era preciso.

"Você tem de deixar a sua casa o quanto antes, Stella!"

Como expressar o que eu senti ao ouvir isso? Mary se remexeu na cadeira e segurou as minhas mãos, obviamente sentindo o quanto eu precisava de força e apoio.

"Como assim, sra. Nilgun?", perguntei. "O que a senhora viu no oráculo da água?"

"A sua casa foi invadida por gênios, quer dizer, maus espíritos", ela explicou. "São gênios zombeteiros. Eles querem enlouquecer você e a sua família."

Por que eu estava surpresa com o que ela me dizia? Por que estava tremendo? Por que estava assustada? Eu já não sabia dos incidentes estranhos e que certos poderes estavam presentes na casa? Contudo, uma coisa era saber e outra, muito diferente, era ouvir isso da boca de uma médium.

"A sua casa tem dois andares", ela continuou. "No piso de cima há um quartinho. Durante o dia eles ficam com você e à noite ficam nesse quartinho, no andar de cima, que vocês usam como despensa."

No andar de cima! Nesse andar ficavam os quartos das crianças e a sala de estar. E essa despensa... Assim como ela tinha falado, havia um quartinho que eu usava como despensa.

Ela estava falando de minha casa como se já a conhecesse. Enquanto eu estava dormindo confortavelmente no andar de baixo, os meus filhos estavam no andar de cima na companhia desses supostos gênios! Oh, meu Deus, isso era horrível! Quando estava acordada na casa, eu podia proteger as crianças, mas enquanto eu dormia não podia fazer nada para protegê-las!

"O que eu tenho de fazer, sra. Nilgun?", perguntei. "Por favor, nos ajude."

"Stella, infelizmente é muito difícil que você consiga se livrar deles", ela respondeu. "Vocês terão de deixar a casa imediatamente."

Eu me sentia tão mal que era difícil acreditar. Estava a ponto de desmaiar. Esses gênios, em que eu nunca acreditei e até achava graça quando ouvia a respeito, estavam quase destruindo a minha casa.

Não importa o quanto eu não quisesse acreditar em tudo aquilo, a presença de coisas sobrenaturais na casa era um fato. Com medo de que eu desmaiasse, Mary trouxe-me um copo com água e tentou não demonstrar a sua preocupação. Vendo que eu não tinha forças para falar, ela perguntou:

"Se eles se mudarem para outra casa, o problema acaba?"

"Infelizmente, não posso garantir", respondeu a sra. Nilgun. "Mas não lhes resta alternativa a não ser tentar fazer isso."

"Tudo bem, sra. Nilgun, a senhora pode nos ajudar nisso?", Mary perguntou.

"Vou fazer tudo o que estiver ao meu alcance, mas não vai ser fácil."

Eu estava disposta a fazer tudo o que fosse necessário. Disse a ela que pagaria a quantia que ela pedisse. A única coisa que eu queria era que a nossa vida voltasse ao normal. Na verdade, não havia nada que eu não fizesse por isso.

"Stella, eu quero que você ouça bem o que vou dizer", disse a sra. Nilgun. "Em hipótese alguma mencione a palavra "gênio" na sua casa. Isso os deixaria muito zangados. Se algo der errado, não fique com raiva e interprete tudo visando o bem comum. Eles não se aproximam de pessoas que costumam rezar. E, quando for para casa, compre um quilo de doces e coloque um pouco em cada canto da casa. Enquanto os gênios estiverem ocupados com o mundo das cores, não aborrecerão vocês."

Eu gostaria de estar tomando nota. Não sabia se conseguiria me lembrar de tudo.

"Não hesite em me telefonar sempre que quiser", continuou ela. "Farei tudo para ajudar vocês."

Só consegui balbuciar um "muito obrigada". Embora eu tivesse muita coisa para perguntar e dizer, isso foi tudo o que consegui articular. Era como se eu tivesse achado tudo muito natural, como se tivesse entendido cada palavra que ela me dissera!

"Tenho de lhe dizer só mais uma coisa", acrescentou a médium. "Está me ouvindo, Stella?"

Em vez disso, ela devia ter perguntado se eu estava entendendo. Ouvir e entender eram coisas bem diferentes. Se ela quisesse que eu ouvisse, eu estava pronta. Mas entendê-la? Isso era outra história. Eu não estava entendendo. Não estava entendendo nada!

"Há uma coisa na sua casa que não pertence a vocês", ela explicou. "Não posso ver o que é. Tudo o que eu sei é que ela não pertence a vocês. Não procure no andar de cima, porque, seja o que for, está em algum lugar do andar de baixo."

Acho que esse era um gol feito no último minuto. Como eu estava perdendo o jogo de dez a zero, tive a graça de receber mais uma chance no último minuto. Na verdade, o que isso poderia mudar? Eu já tinha perdido o jogo, de qualquer maneira!

Então, como um robô, eu simplesmente assenti com a cabeça. Tudo o que eu queria era ir embora e respirar um pouco de ar fresco.

Eu não precisava dizer nada a Mary para que ela me entendesse. Para ela bastava um olhar.

"Vamos embora, Stella", ela disse. "Se quiser perguntar alguma coisa, você pode ligar depois."

Eu nem me lembro como entrei no carro e fui embora daquele lugar. Assim como a sra. Nilgun me aconselhara, comprei doces no caminho de casa. Eu tinha de colocá-los em todos os cômodos, exceto no banheiro. Eu estava disposta a fazer isso e qualquer outra coisa que fosse.

Havia mais porcelana em casa naquela época do que eu posso me lembrar. Na verdade, eu nunca gostei delas, mas quase todo mundo que nos visitava trazia de presente algum tipo de prato ou travessa de porcelana, simplesmente porque estava na moda. Bem, agora eles seriam usados para alguma coisa, por uma boa causa.

Coloquei os doces nas travessas de porcelana e deixei-os nos cantos dos cômodos. Sempre que eu voltava a enchê-los, tinha a impressão de que estava exagerando um pouco. Se as cores realmente incomodavam os gênios, eu podia pintar cada parede de uma cor. Que outras coisas eu poderia fazer para enganar os gênios, de modo que eles "se ocupassem com o mundo das cores" e nunca mais nos incomodassem?

Jeffrey adorou ver doces em todos os cômodos da casa. Toda vez que eu o via perto de mim, ele estava com a boca cheia deles. Embora eu o avisasse de que doces demais não faziam bem à saúde e aos dentes, eu estava preocupada mesmo era com a diminuição na quantidade de doces para deter os gênios. Todas as travessas tinham de estar cheias, nunca vazias. Por causa disso, habituei-me a contar mentirinhas ao meu filho para tentar impedi-lo de comer os doces.

"Entenda, filho, você não deve comer esses doces, porque eles foram benzidos."

"Mas, mãe, existe essa coisa de doce benzido?"

Era óbvio que uma criança de 11 anos não iria acreditar nessas coisas bobas. Mas eu não conseguia pensar em nada melhor para dizer. Eu detestava mentir para ele e tratá-lo como um bebê, mas como poderia dizer a verdade?

"Existe sim, querido", eu insistia. "Eu mandei benzer todos esses doces para que sempre haja abundância e prosperidade na nossa casa. Essas tigelas nunca podem ficar vazias. Agora me prometa que você não vai comê-los."

Até então eu vivia dizendo aos meus filhos o quanto era ruim mentir e fazia o possível para que eles fossem sinceros e corajosos. Eu era o tipo de mãe que sempre conversava com os filhos. Desde quando eram pequenos, eu sempre procurava não me esquecer de que eles eram indivíduos. Em vez de fingir que estava ouvindo todos os problemas que eles tinham, eu procurava ajudá-los ouvindo com atenção.

A minha mãe também costumava me dizer que eu não deveria mentir. A única diferença é que esse conselho sempre vinha acompanhado de algo como "Se fizer isso, vou bater em você e não vou amá-la mais".

A minha mãe era uma boa pessoa e eu a amava muito, mas nunca gostei do jeito como ela falava comigo e com a minha irmã, e como nos tratava. Ela me tratou como se eu fosse uma criança até o dia em que me casei.

Ela me amava, mas nunca me respeitou. Ela me ouvia, mas não procurava me entender. Ela nunca me entendeu porque nunca se deu ao trabalho de conversar de igual para igual comigo.

Para ela, ser mãe se resumia a dar afeto e se mostrar interessada.

Eu costumava aconselhar os meus filhos a não mentir, mas não fazia isso provocando medo neles, mas dando longas explicações. Eu explicava que, como todo mundo, eles também cometeriam erros, mas que nunca deveriam mentir para encobrir esses erros. Eu fazia tudo o que estava ao meu alcance para convencê-los de que tinham pais que se orgulhavam deles e que os amavam incondicionalmente. E ficava feliz ao ver que tinha sido bem-sucedida nisso. E havia mais uma coisa que eu sabia: eu tinha muita sorte em ter filhos como eles.

As lembranças que eu guardava da infância me levaram a ser uma mãe diferente da que a minha mãe tinha sido. Na realidade, eu também achava que não tinha sido uma ótima mãe; eu era apenas amiga de meus filhos, uma pessoa confiável a quem eles podiam contar os seus segredos, às vezes uma amiga travessa, que não se mostrava mais madura do que eles.

Como o meu filho conhecia muito bem a mãe dele, acreditou na história dos doces benzidos. Mas, no dia seguinte, quando a professora dele quis pegar um doce das tigelas, fiquei extremamente constrangida e sem saber o que dizer quando o meu filho disse a ela:

"Não pegue, são doces benzidos! A minha mãe não deixa que eu coma."

5

"Há uma coisa na sua casa que não pertence a vocês", ela explicou. "Não posso ver o que é. Tudo o que eu sei é que ela não pertence a vocês. Não procure no andar de cima, porque, seja o que for, está em algum lugar do andar de baixo."

A sra. Nilgun disse exatamente isso. Passei a noite toda tendo pesadelos, com essas palavras na cabeça. Os fatos sobrenaturais que eu tinha presenciado nos últimos anos passavam como um filme na minha tela mental. Era como se a minha vida, uma espécie de filme de terror, fosse se transformar numa comédia ou, no pior dos casos, num filme de ficção científica, quando eu encontrasse a tal coisa que não me pertencia.

Depois de acordar de um sono intermitente, as minhas pálpebras estavam pesadas e a minha cabeça latejava como se fosse se partir ao meio. Em vez de procurar algo que supostamente não me pertencia, eu preferia dormir e nunca mais acordar! Esses pensamentos e humor depressivos estavam me levando a fazer coisas que eu não devia.

Mas havia uma verdade e ela me fez levantar da cama e, assim como a sra. Nilgun dissera, dar o primeiro passo para enfrentar o fato relativo àquele objeto que não me pertencia.

Eu preparei o café da manhã sem acordar as crianças. Tudo o que eu consegui tomar foi um café preto. Quando o meu marido perguntou, na frente das crianças, por que eu não ia comer nada, respondi que estava de dieta.

Depois de despachá-los para a rua, arrumei a cozinha. Eu estava constantemente adiando a busca e inventando desculpas para fazer isso. Depois de limpar tudo, peguei um pano para tirar o pó. Como eu já tinha feito uma faxina no andar de baixo, achei que talvez agora, por coincidência, eu topasse com o objeto misterioso. Talvez eu conseguisse me livrar da tarefa de procurá-lo sem ter de fazer nenhum esforço nem ficar estressada. Mas isso só fez com que a tarefa ficasse mais difícil ainda e começasse a me irritar. Tive de admitir que precisava fazer uma busca mais cuidadosa.

Havia algo em minha casa que não me pertencia. O que era? Que coisa era essa e que aparência teria? Eu não tinha nem sequer uma pista. Comecei a olhar em volta sem saber o que estava procurando e onde procurar. Eu tinha de vasculhar todos os cantos da casa. Mas só estava procurando por cima. Eu não sabia como ia encarar o incidente sobrenatural que estava por vir. Eu não me lembrava da última vez que tinha precisado de alguém ao meu lado – pois, até mesmo a pessoa mais tímida, ao meu lado pareceria um leão. Na verdade, como eu não sabia o que estava procurando, não seria capaz de encontrar algo que me lembraria de coisas que só estavam torturando a mim e à minha família.

"Gostaria de ter um cachorro treinado como um cão da polícia para me ajudar. Assim ele poderia farejar essa coisa que não nos pertence", pensei.

Mas como eu não tinha cachorro, tive de procurar eu mesma.

Em primeiro lugar, decidi procurar na sala. Eu sabia que não encontraria nada ali, pois havia poucos móveis. Havia um tapete que cobria todo o assoalho, de parede a parede; um conjunto de estofados; uma pequena estante cheia de livros e um armário embutido de três portas.

Depois que desisti de tentar fazer com que as minhas mãos parassem de tremer, comecei a recitar todas as preces que eu conhecia e tirar todas as almofadas do lugar. Olhei dentro de cada uma delas. Com o mesmo temor e ansiedade, olhei a estante de livros. O que eu estava procurando podia ser um livro ou um papel entre as páginas de um livro. Talvez algo maior.

Quando acabei de vasculhar o armário de livros, ainda não tinha encontrado nada que não me pertencesse. Logicamente, eu devia ter começado pelo armário embutido. Abri a porta do armário e, quando tentava me decidir por onde começar, ouvi a campainha. Eu não tinha limpado esse armário e ele ainda estava sujo. Fechei a porta da sala e fui atender a porta.

Era a minha vizinha de porta. Era como se ela tivesse sentido o meu medo. No mesmo instante trocamos um abraço apertado. Eu conhecia Janet desde que nos mudáramos. Num curto período, tínhamos ficado amigas. Todos os dias nos visitávamos e, à noite, íamos para casa receber nossos maridos. Como nos víamos todos os dias, ela sabia dos meus problemas.

Geralmente costumávamos nos ver por volta do meio-dia. Decidi fazer uma pausa para arejar a cabeça e fomos para a sala. Enquanto tomávamos chá, eu contei a ela tudo o que a sra. Nilgun havia me dito, palavra por palavra. Ao olhar nos olhos da minha vizinha, pude sentir o quanto ela tinha ficado assustada e surpreendida. Mas a calma com que reagiu me deixou mais confiante. Também foi um alívio quando ela insistiu em me ajudar na busca.

Então fomos juntas para a sala de estar e começamos pelo armário embutido. Tiramos dali todos os casacos e olhamos dentro de todos os bolsos. Depois tiramos das prateleiras mais altas três caixas de fotografias e olhamos dentro delas. Talvez o que procurássemos fosse uma foto, por isso examinamos cada uma delas. Entre as centenas de fotos da minha infância, da adolescência, da lua-de-mel e de muitas outras ocasiões, não havia nenhuma que não fosse minha.

Depois tiramos todos os outros objetos que ainda estavam dentro do armário: algumas peças antigas de joalheria, toalhas de mesa, um espelhinho prateado de mão... meu reflexo no espelho nem parecia real. Eu aparentava uns 45 anos, em vez dos 36 que eu tinha. Aqueles incidentes tinham me envelhecido uns dez anos.

O armário ficou completamente vazio. Quando eu já estava pensando em guardar tudo novamente e começar a busca em outro lugar da sala, meus olhos estancaram na parte inferior do armário. Havia uma prateleira onde ficavam guardados os sapatos que eu raramente usava. Essa prateleira ficava uns quatro ou cinco centímetros acima da base do armário.

Notei, aparentemente pela primeira vez, a fresta entre essa base e a prateleira. Era um espaço tão estreito que mal cabia a minha mão, talvez por isso eu ainda não o tivesse notado. Mas agora eu tinha de olhar ali embaixo.

Enquanto eu pensava como fazer isso, Janet pediu que eu lhe desse um cabide. Eu despendurei um dos casacos e lhe passei o cabide. Ela o pegou da minha mão e, deitada de costas, tentou olhar dentro da fresta. Como estava escuro, não deu para ver nada. Então ela enfiou o cabide ali dentro e começou a remexê-lo.

"Stella", disse de repente. "Acho que há uma coisa aqui!"

Por um instante eu pensei que ia morrer de medo. Eu estava em pânico, mas tinha de permanecer calma. Talvez não fosse nada fora do comum, só um álbum de fotos que tivesse caído. Em vez de agradecer à Janet, comecei a andar de um lado para o outro na sala, desnorteada.

Eu estava dizendo, "Bem, já que encontramos algo, espero que seja o que estamos procurando", mas por dentro eu rezava para que Janet tivesse achado outra coisa. De qualquer maneira, eu queria ver logo do que se tratava.

Enquanto Janet estava tentando tirar com a ajuda do cabide o que quer que tivesse encontrado, deixei que o medo me dominasse e comecei a gritar.

"Pelo amor de Deus, levante daí, Janet! Por favor, não tire essa coisa daí! Eu estou apavorada!"

"Não seja ridícula, Stella!", ela respondeu. "Não estávamos procurando há tanto tempo justamente isso? Se você está apavorada, vá lá pra fora. Eu não estou."

Mesmo enquanto eu gritava, sabia exatamente o que ela estava tentando fazer. Ela era de fato uma grande amiga.

"Stella, essa coisa está bem no fundo e é pesada. Como não tem muito espaço, não posso pegar com a mão. Será que você tem algo mais comprido?"

Talvez se eu olhasse, teria encontrado alguma coisa. Assim tudo teria sido mais rápido.

"Não, não tenho", respondi.

Depois de muito esforço, Janet conseguiu tirar o objeto. Por um momento fiquei aliviada. Era um álbum de fotos contendo lembranças que eu não via há muito tempo. Folheei rapidamente o álbum e constatei que naquele tempo as coisas eram normais. Enquanto as pequenas lembranças daquela época eram resgatadas da minha memória, tive um sobressalto ao ouvir a voz de Janet:

"Stella, pare! Há mais uma coisa aqui."

"O que é?", perguntei quase sem voz.

Senti os joelhos bambos. Sentei-me na poltrona com as mãos sobre os ouvidos e esperei que Janet terminasse. Ela finalmente conseguiu. Numa fração de segundo, o meu sangue gelou nas veias. Será que aquilo era o que estávamos procurando? O que aquela coisa estava fazendo na minha casa?

O que Janet havia tirado de debaixo do armário era um velho lenço igual aos que nossas avós costumavam usar muito antigamente. Era um lenço grande bordado com fios dourados e amarrado ao meio. Nele havia algo escrito num alfabeto que eu não conhecia.

Todo tipo de pensamento me veio à mente. Eu estava curiosa para saber o que havia dentro dele, mas era incapaz de adivinhar. Reunindo toda a minha coragem, tirei o lenço da mão da minha amiga e percebi que ele era pesado. Havia alguma coisa dentro dele e devia ser o que estávamos procurando. O meu coração batia tão forte que parecia querer sair pela boca.

Com as mãos trêmulas, tentei desatar o nó. Ele não era apertado e se desfez facilmente. Dentro dele havia outro lenço e, dentro deste, havia outro lenço amarrado. Eu continuei abrindo todos eles com a mesma curiosidade e o mesmo medo. Era como se eu estivesse chegando na verdade lentamente, mas não tivesse mais como fugir dela. Saberia a verdade e desvendaria o mistério.

Quando desatei o nó do último lenço, fiquei realmente chocada. Dentro dele havia duas colheres de prata, unidas com uma espécie de resina. As duas colheres estavam de frente uma para a outra e entre elas havia uma faca.

Durante alguns minutos fiquei ali, simplesmente olhando, sem saber que sentido dar àquilo. Eu queria saber o que significava. Era bom ou ruim? Quando olhei para Janet, vi que ela também estava paralisada e com um olhar vazio.

"É inacreditável, Stella. O que pode ser?"

"Bem que eu gostaria de saber!"

"Eu nunca usei um lenço desses na minha vida", eu disse sem poder acreditar no que via. "Para ter usado eu teria de ter pelo menos a idade da minha avó. As colheres também são tão velhas! São muito velhas, são antigas. É óbvio que esses lenços nunca foram usados. É como se tivessem sido amarrados quando ainda eram novos. Isso não é incrível, Janet? Quem sabe há quanto tempo isso está aqui!"

Eu não sabia responder àquela pergunta. Como podia saber? No entanto, depois que eu levasse nossos achados para a sra. Nilgun, esperava que a verdade viesse à tona.

"O que você pensa em fazer com isso?"

"A sra. Nilgun disse para eu levar para ela tudo o que encontrasse. Não quero essas coisas na minha casa nem mais um minuto. Vou levá-las agora mesmo."

"Tudo bem, eu vou com você."

Colocamos os lenços e as colheres num saco plástico e, sem nem trocar de roupa, tomamos um táxi para a casa da sra. Nilgun. Durante o trajeto, contemplei as ruas, as árvores, as flores, as pessoas, os prédios e a cidade em que morávamos. Nada disso significava coisa alguma para mim. Em meio a todo aquele caos, qual era o meu lugar? Eu estava muito longe da resposta e tudo o que eu queria era que todas aquelas coisas bonitas voltassem a ter sentido para mim.

Então fechei os olhos. Enquanto o vento entrava pela janela e brincava com meus cabelos, eu dizia a mim mesma que tudo terminaria bem. Então as batidas do meu coração voltaram ao normal, mesmo sem que eu acreditasse que aquilo de fato aconteceria.

A sra. Nilgun morava numa rua estreita. Quando saímos do táxi fiquei zangada comigo mesma por não ter preparado antes o dinheiro para pagá-lo. Por minha causa, o táxi bloqueou o trânsito e os carros começaram a buzinar atrás.

Quando o motorista pediu que eu me apressasse, entrei em pânico, sem conseguir tirar o dinheiro da carteira. Nesse momento percebi que tinha deixado cair alguma coisa no chão. Com uma mão dei o dinheiro ao motorista e com a outra tentei pegar o que havia caído. Eu não estava muito preocupada com o que quer que tivesse caído, como se tivesse certeza de que não se tratava de nada importante.

Dobrei os joelhos e finalmente vi o que havia caído. O meu sangue gelou.

O que eu tinha na mão era uma rosa vermelha! A rosa vermelha que não me pertencia e que regularmente mandavam para mim!

❧❦

"Foi bom ter vindo, Stella. Eu queria falar com você."

"Nós achamos o que estávamos procurando, sra. Nilgun", eu disse empolgada. "Trouxe para a senhora."

A sra. Nilgun deu uma olhada no saco. Depois nos levou para a sala de estar onde já tínhamos ficado antes e disse:

"Volto num minuto."

Passado algum tempo ela voltou.

"Foi bom que você me trouxe isso. Agora poderei trabalhar mais à vontade."

Tive a impressão de que ela não ia me explicar nada se eu não perguntasse. "Que significam esses lenços, as colheres e a faca? Como eles foram parar lá?"

"Veja, meu bem", ela disse. "Assim como muitas coisas sumiram da sua casa, estas apareceram lá, vindas de outros lugares. Assim como o seu relógio foi para algum outro lugar. E é claro que os gênios é que estão fazendo isso. Eu procurei saber o que eles significam agora pouco, quando fui lá dentro. Não posso mentir para você, não se trata de boa coisa."

"O que você quer dizer?", perguntei. "Por favor, diga-me o que você viu!"

"Quando você veio aqui da última vez, comentei que as experiências pelas quais você estava passando eram causadas por gênios zombeteiros. No entanto, as colheres e a faca que você encontrou na sua casa contrariam o que eu disse."

Por que ela não era mais clara? Será que eu é que tinha de fazer sempre as perguntas?

"Por favor, diga-me o que está pensando", pedi com impaciência.

"Está bem", ela disse finalmente. "Por exemplo, o fenômeno dos excrementos! Os gênios zombeteiros sempre gostam de deixar marcas da sua presença e espalhar excrementos em lugares onde todos vejam. Mas essas colheres e essa faca não podem ser obra deles. Porque os gênios desse tipo só querem se divertir à custa das pessoas, mas não fazem nenhum mal."

Ela deu uma longa tragada no cigarro, como se estivesse com dificuldade para se exprimir e quisesse ganhar tempo. Ou talvez eu estivesse exagerando.

"Quando você abriu os lenços, a faca estava entre as duas colheres?", ela perguntou.

"Sim, estava bem no meio das duas."

"Isso não é bom, Stella. Estão tentando separar você do seu marido. E com uma faca!"

"O que isso quer dizer? Por favor, seja mais clara!"

"Bem, de qualquer maneira, o mais importante é que você trouxe essas coisas para mim", ela disse, num tom evasivo. "Vou neutralizar os seus efeitos. Você não precisa se preocupar."

Eu não insisti mais para que ela dissesse o que não queria dizer. Se eles não iam mais causar nenhum mal, eu poderia me abster de ouvir algo que me deixasse chateada ou me assustasse.

"Hoje de manhã eu consultei o oráculo da água para você", ela disse. "Há uma outra coisa que eu não consegui entender muito bem, Stella. Aconteceu mais alguma coisa que você não tenha me contado ontem?"

"Não me lembro."

"Quero dizer, algo que não sejam os objetos perdidos, os insetos... uma outra coisa?"

"Aconteceu!", gritei de repente. "Existe algo que não contei a você. Eu vejo uma luz. Eu a sinto sobre o meu ombro. Mas só eu a vejo. Quando contei ao meu marido, ele não viu nada. No início, até pensei que não estivesse regulando bem; achei que estava imaginando coisas. Mas depois tive certeza de que não era a minha imaginação."

"Eu quero lhe perguntar uma coisa. Você vê essa luz ou a sente?"

"Eu a vejo e a sinto também."

"Isso assusta você?"

"Não! Pelo contrário! Eu tenho uma sensação tão profunda de paz e contentamento, quando ela aparece, que não consigo nem explicar direito. Porque essa luz é o meu anjo. Eu sei que é o meu anjo, sra. Nilgun. Numa noite caótica que passei no banheiro, o meu anjo me protegeu.

A luz fluorescente estourou, todos os insetos morreram e isso quem fez foi o meu anjo. Se ele não estivesse lá, quem sabe o que poderia ter acontecido?"

"Era isso o que eu queria ouvir", disse a médium com um sorriso no rosto. "Você não precisa ter medo dessa luz. Ela está protegendo você, Stella. Não vou poder passar muito tempo com você hoje, porque tenho outras consultas. Um outro dia conversamos mais. Enquanto isso, eu vou trabalhando com o que você me trouxe. Se algo acontecer, você pode me telefonar imediatamente. Só quero lhe dizer algo antes que me esqueça. Você não vai conseguir encontrar o relógio da sua filha. Mas vai encontrar um relógio na sua casa que não pertence a você."

"Não entendi", eu disse confusa. "Vou encontrar o relógio de outra pessoa na minha casa?"

"Vai. E você nunca vai saber a quem ele pertence. Esse relógio está no lugar do que desapareceu."

"Acho que não entendi muito bem", admiti. "A senhora está querendo dizer que todas as coisas que desapareceram vão voltar, mas de outro jeito?"

"Nem tudo", disse ela, me corrigindo. Só vão voltar os objetos cujo desaparecimento você notou na mesma hora ou nos quais você pensou muito. Por exemplo, quando você percebeu que o blusão do seu filho tinha desaparecido, isso já podia ter acontecido há muitos dias sem que você percebesse. Em outras palavras, ele nunca vai voltar. Entendeu?"

Algo que não pertence a você! Um objeto parecido substituindo outro perdido!

"A rosa vermelha!" Quando eu disse isso, a minha mente ficou confusa. Eu tive dificuldade para falar. Essa não era a voz que eu estava acostumada a ouvir! Era como se a voz que tivesse dito "a rosa vermelha" não fosse minha.

Tudo isso tinha virado o meu mundo do avesso. Talvez todos os objetos perdidos fossem substituídos por outros parecidos, mas e quanto à minha paz e meu contentamento, que há muito tempo eu não tinha mais? "Da primeira vez, havia uma rosa vermelha na minha porta da frente. Três meses depois, descobri uma rosa vermelha sobre a mesa da sala e, alguns minutos antes, uma rosa vermelha na minha bolsa. O que isso significava?"

"Alguma flor desapareceu da sua casa?"

Quando eu ia dizer "Não", lembrei-me das flores brancas que Selim havia trazido para mim. Pensei que a faxineira tivesse quebrado o vaso, quando não as vi sobre a mesa lateral.

Disse simplesmente "Sim". Não havia razão para prolongar ainda mais o assunto. O mistério da rosa estava resolvido.

"Eu a entendo muito bem", disse a sra. Nilgun. "É muito difícil aceitar isso pelo qual você está passando. Mas, por favor, não se preocupe, farei tudo o que for possível para proteger você. Mas se algo acontecer, você precisa me contar. Não perca tempo. Ligue-me, não importa a hora."

"Só quero lhe fazer mais uma pergunta", eu disse. "Os insetos! Eles não são insetos comuns que todos conhecem, não é mesmo? Aquela noite no banheiro, eles vinham todos para cima de mim. Na verdade, os insetos não costumam fugir das pessoas e da luz?"

"Não se preocupe, Stella. De agora em diante não haverá mais insetos na sua casa."

A resposta foi clara e concisa. Assim como eu falava a Selim havia meses, aqueles insetos não eram os insetos normais que todo mundo conhecia!

Eu tinha de confiar na sra. Nilgun. Ela ia nos proteger agora e tínhamos de esquecer o que já havia acontecido e pensar apenas no futuro. O que havia acontecido agora era passado. Não fazia mais sentido voltar a pensar naquilo e lembrar de tudo outra vez.

Até que eles fizessem eu me lembrar, é claro!

6

Selim e eu estávamos fazendo 17 anos de casados. A idéia de passar uma noite memorável juntos era maravilhosa!

"Hoje à noite, quero você muito elegante", ele disse. "Eu tenho uma surpresa."

Eu me apressei para preparar o jantar das crianças, tomei banho e fui ao cabeleireiro. Como Selim gostava de cabelos loiros, eu tingi os meus dessa cor. Embora ele sempre repetisse que gostava de mim como eu era e que me achava bonita, nesse dia eu quis ficar ainda mais bonita para ele.

"Esta noite, a sua mãe vai dormir em casa", ele disse. "Mas não me pergunte por quê."

A minha filha tinha 14 anos e o meu filho, 11. Já fazia alguns anos que eles ficavam sozinhos em casa à noite. A minha mãe não precisava ficar com eles. Mas eu não perguntei nada. Não queria estragar a surpresa que Selim tinha preparado. A única coisa que eu sabia era que seria de fato uma noite inesquecível.

Ao sair de casa, eu estava alegre como uma criança e empolgada com a noite que estava reservada para nós.

No caminho, nem sequer perguntei para onde estávamos indo. Aonde quer que ele me levasse, eu iria feliz, e não tinha nenhuma pressa de chegar. Eu queria viver aquela noite lentamente.

Enquanto dirigia, ele segurava a minha mão. Éramos como dois namorados. É impossível encontrar palavras para descrever o quanto eu estava feliz.

"São 17 anos, Stella", ele disse. "Dá para imaginar? Dezessete anos inteiros! Você lembra como eu costumava correr para casa depois do trabalho para ficar com você?"

Se a nossa noite terminasse ali e tivéssemos de voltar para casa, eu não me importaria. Não havia nada que pudesse me deixar mais feliz do que as palavras do meu marido. Saber que ele era feliz comigo, que ainda me amava, era o melhor presente que eu podia receber. O que mais podia querer uma mulher como eu?

Nessa noite eu caprichara na maquiagem. A nossa noite estava mal começando e eu não queria que nada a estragasse – nem mesmo lágrimas de alegria! Eu dei um beijo carinhoso na mão dele e tentei quebrar o clima romântico.

"Lembro, e estou feliz por ter finalmente aceitado o seu pedido."

"Não foi assim tão fácil convencer você. Esqueceu que você só aceitou a minha proposta de casamento exatamente dois anos depois?"

Quando nos encontramos pela primeira vez eu tinha 18 anos. Eu gostei muito dele como pessoa, mas o meu coração pertencia a outro homem.

Poucas semanas antes do meu noivado com Levent, o meu namorado na época, um primo de meu pai mencionou Selim a ele e insistiu para que nos conhecêssemos. Eu ainda me lembro das palavras que papai me disse, naquela noite, à mesa de jantar:

"Stella, não me interprete mal", ele disse. "Não estou forçando você a se casar com Selim. Só queria que você desse uma chance a ele e saíssem juntos uma noite dessas. Pelo que ouvi, ele vem de uma família muito boa e é um jovem de muito boa aparência. É por isso que estou insistindo para que vocês se conheçam. Se você quiser e se der bem com ele, podem continuar a sair; caso contrário, fique noiva de Levent. Eu prometo que, se você sair com Selim pelo menos uma vez e disser que não gostou dele, eu considerarei o caso encerrado."

Eu quase não consegui engolir a comida. Para mim, o meu pai tinha enlouquecido. Como ele podia sugerir que eu saísse com outro homem sabendo que eu ficaria noiva dali a poucos dias? Por que ele não conseguia gostar de Levent? Por que preferia outro homem que nem conhecia? Eu sabia que, não importava o que eu dissesse, não poderia ir contra a vontade do meu pai, por isso tive de aceitar sua sugestão.

Apesar de eu estar pouco à vontade e morrendo de raiva do meu pai, Selim e eu tivemos uma noite realmente agradável. Pelo que eu pude perceber desse primeiro encontro, Selim era uma pessoa feliz e decente, sempre com um sorriso no rosto. Num curto período de tempo, ele se tornou uma das raras pessoas com quem eu me sentia bem. A sua conversa fluente e a confiança em si mesmo foram as qualidades que mais me chamaram a atenção. Eu nem sequer percebi o tempo passando. Mas, quando conversávamos em frente de casa no final da noite, eu me senti muito mal, pois estava constrangida por não conseguir lhe dizer a verdade.

"Stella, para mim foi uma ótima noite", ele disse. "Para ser sincero, eu gostei muito de você e gostaria que a nossa amizade continuasse. Se você quiser, podemos continuar nos vendo. Do contrário, não a incomodarei mais e respeitarei sua vontade."

Eu não sabia o que dizer. Tínhamos conversado a noite toda e, seguindo a recomendação do meu pai, eu não havia mencionado a minha intenção de ficar noiva em breve. Agora, se eu dissesse para não me ligar mais, ele deduziria que não tinha me agradado. Contudo, ele tinha me agradado muito como pessoa e eu não queria desapontá-lo. Eu estava numa situação muito difícil.

A única coisa que consegui dizer foi, "Para mim também foi uma noite muito agradável. Muito obrigada, Selim. Nós nos veremos por aí, boa-noite".

Quando entrei em casa, não fiquei surpresa ao ver que os meus pais me esperavam. Os dois me olhavam com um olhar curioso.

Papai perguntou, "Como foi a noite, Stella?"

"Foi boa, pai", respondi. "Selim é uma ótima pessoa, mas não vou sair com ele outra vez. Eu amo Levent e não vou mentir para ele de novo."

"Está bem. Fico grato por pelo menos não ter se recusado a sair com Selim."

No dia seguinte, o primo do meu pai contou a Selim que eu estava prestes a ficar noiva e só tinha concordado em sair com ele por insistência do meu pai. Selim ficou muito zangado com a situação e aborrecido comigo por não ter sido sincera. Nem sei dizer o quanto fiquei triste ao saber que ele estava aborrecido. Fiquei extremamente chateada de tê-lo magoado por causa do erro do meu pai. Mas infelizmente nada pude fazer.

Eu conheci Levent num curso particular que fizemos juntos. Num curto período de tempo, ficamos muito amigos. Durante as aulas e nos intervalos, ficávamos o tempo inteiro juntos. Com o tempo, passamos a conversar sobre outros assuntos, além das aulas. Seria impossível não perceber os sentimentos de Levent por mim. Eu não podia dizer que também não estivesse interessada, mas algumas coisas que eu não conseguia definir ainda me preocupavam.

Levent era o homem mais bonito e atraente que eu já tinha conhecido. Era impossível não me sentir atraída por um homem como ele, com os seus cabelos pretos e lindos olhos verdes. Ele tinha 23 anos e em três meses se formaria na faculdade de farmácia.

Quatro meses depois de nos conhecermos, Levent me pediu em casamento. Na verdade, eu não sabia muito bem até que ponto ele realmente queria se casar. A pressão que exercia sobre mim e o seu jeito ciumento me preocupavam. Mas, com o tempo, percebi o quanto ele me amava. Na verdade, isso me agradou e me deixou lisonjeada.

Outra garota em meu lugar talvez aceitasse se casar com ele imediatamente. Mas, como para mim o casamento era uma maneira de sair de um ambiente familiar infeliz, eu era obrigada a agir com a cabeça e tentar não tomar atitudes apressadas. Acima de tudo, havia em mim esse sentimento de orgulho e felicidade por ser amada por ele.

Mas e quanto aos meus sentimentos? Na verdade, mesmo sem querer admitir, eu sabia qual seria o resultado. Eu não ia deixar que outro problema surgisse na minha vida a essa altura, por causa do casamento infeliz dos meus pais. Uma parte de mim estava assustada com o futuro, a outra dizia que eu tinha chance de ser muito feliz.

Depois que fiquei noiva de Levent, a minha vida mudou completamente. Por ser nova e ingênua, eu fazia tudo o que ele me pedia e tentava acabar com todas as brigas dessa maneira também.

Eu me mudei para a casa da família dele. Só via a minha família durante o dia.

Mesmo quando Levent mergulhou nos estudos para passar nos exames finais, ele não me perdia de vista. Quando eu ficava realmente entediada com essa situação, ele deixava que eu saísse na companhia do seu irmão mais novo, mas não permitia que eu visse meus amigos.

Bem no começo do nosso noivado, o meu pai disse, "Esse rapaz vai acabar com você. É melhor dar um fim nesse noivado enquanto é tempo". No entanto, isso não me ajudava a ver a realidade e eu achava que Levent só se comportava assim porque estava estressado com os exames. Como sempre acontece, eu tinha esperança de que ele melhorasse.

Levent, porém, começou a me pressionar cada dia mais e o seu ciúme sem sentido começou a ficar insuportável. O seu hábito de provocar brigas depois que passávamos algum tempo com a minha família me deixava transtornada.

Foi numa dessas ocasiões, quando eu dei muita atenção às minhas sobrinhas Melis e Yael, que ele começou a discutir comigo e chegou até a admitir que tinha ciúme da minha afeição por elas.

"Seja quem for – e isso inclui as suas sobrinhas –, não quero que você ame ninguém mais do que ama a mim; isso eu não vou suportar", ele gritou.

Os meses foram se passando e, embora passássemos muito tempo juntos em casa, nossos problemas foram piorando. Sempre que saíamos, ele preferia que ficássemos a sós, e, quando eu sugeria que saíssemos com os amigos dele, ele respondia:

"Todos os meus amigos são solteiros. Não vou deixar que você saia com eles."

Num sábado à noite, a minha irmã e o marido, que eu não encontrava fazia muito tempo, sugeriram que fôssemos numa boate juntos. No início, Levent não pareceu muito interessado, mas acabou concordando e conseguiu estragar a minha noite. Nessa ocasião, ele ficou com raiva porque eu dancei com o meu cunhado, Yusuf, que era como um irmão para mim desde que eu tinha 10 anos de idade. Levent saiu da boate sem ao menos falar comigo. Enquanto eu chorava a caminho de casa, o meu cunhado me disse:

"Olhe, Stella, você é como uma irmã para mim. Isso que Levent fez foi realmente um insulto. De agora em diante, se você quiser vir me ver, venha sozinha; não quero nunca mais ver esse sujeito. Também acho que seria muito bom se você pensasse melhor em tudo o que aconteceu."

Eu entendi muito bem o que ele quis dizer. Depois de tudo o que eu tinha passado, decidi pela primeira vez que eu queria me separar de Levent. Eu não podia perdoar o que ele tinha feito com o meu cunhado. O amor e a intimidade que ele tinha comigo eram o de um irmão mais velho e eu não podia nem sequer pensar em me casar com alguém que não se desse bem com ele. Depois desse desentendimento, percebi que, infelizmente, eu tinha de decidir entre os dois.

Eu rompi o meu noivado com Levent quando ele estava doente, internado num hospital. Quando ele disse, "Eu sei muito bem o que você está tramando com a ajuda do seu cunhado", eu o abandonei para sempre.

Embora eu tivesse rompido o noivado, Levent continuou me incomodando por semanas, parando-me no meio da rua, como um gângster, e ameaçando me matar.

Para mim, a melhor saída era passar alguns dias em Israel. Em todo caso, aquele era o único lugar onde eu me sentia feliz.

Depois de me despedir da minha família no saguão do aeroporto, corri ao avistar Selim, que eu não via fazia dois anos. Primeiro conversamos um pouco e depois, quando eu pensava que iríamos viajar no mesmo avião, ele me disse que estava trabalhando como segurança da EL AL, a companhia aérea nacional de Israel.

Quando eu estava prestes a embarcar, ele me disse, apontando para o passaporte em minha mão:

"Me dê o seu passaporte, Stella. Farei o que for necessário. Em vez de esperar na fila, se você quiser pode ir tomar um drinque. Quando chegar a hora do embarque, eu avisarei você."

Achei muito gentil da parte dele. Depois de passar algum tempo vendo vitrines, vi Selim se aproximando para avisar que já estava na hora do embarque. Ele ficou comigo até as últimas verificações, antes de eu embarcar no avião.

"Quanto tempo você pensa em ficar em Israel?, ele perguntou, quando eu estava prestes a embarcar.

"Desta vez não pretendo ficar muito tempo", respondi. "Acho que voltarei daqui a uns dez ou quinze dias."

"Tenha uma boa viagem, Stella."

Depois de agradecê-lo pela ajuda, nós nos despedimos.

No avião, como sempre, me sentei numa poltrona ao lado da janela. Quando todos os passageiros já haviam se acomodado e esperavam o avião decolar, um jovem segurando um *walkie-talkie* se aproximou de mim:

"O seu nome é Stella?"

"É, por quê?", perguntei, já entrando em pânico. "Algum problema?"

"Alguém quer falar com você pelo *walkie-talkie*."

Eu estava tão nervosa que não sabia nem o que pensar. Peguei o *walkie-talkie* na mão e disse "Olá" numa voz trêmula.

A voz do outro lado da linha me disse:

"Stella, pode olhar pela janela, por favor?"

Fiquei aturdida. Selim estava na pista, dentro de um veículo parado ao lado do avião. Eu não sabia o que dizer. Na verdade, se eu dissesse que não achei a situação hilária, estaria mentindo. Quantas garotas já teriam passado por uma experiência dessas?

"Posso ligar para você quando voltar?", ele perguntou.

"Pode!"

Fiquei mais tempo em Israel do que o planejado e só voltei um mês e meio depois, por volta da meia-noite.

No dia seguinte, ali pelo meio-dia, a minha mãe veio me acordar dizendo:

"Stella, acorde, querida, Selim está no telefone."

Quando comecei a sair com Selim, senti logo de início que ele seria o meu futuro marido. Mas é claro que eu não podia adivinhar que ele me pediria em casamento cinco dias depois!

Quando perguntei por que ele tinha tanta pressa, já que era cedo demais e precisávamos nos conhecer melhor, a resposta dele me deixou surpresa e encantada:

"Considerando os dois anos que perdemos, na verdade estamos atrasados! Se continuássemos saindo juntos desde o dia em que nos conhecemos, poderíamos até já ter filhos. Por favor, creia, eu quero que você aceite o meu pedido e seja minha esposa, Stella."

Apesar da insistência de Selim, eu pedi que ele me desse mais um tempo. Eu estava com receio de cometer outro erro. Pensei no dia em que Levent me pediu em casamento. Quando eu aceitei, senti um medo e uma preocupação que eu não consegui identificar na época. Desta vez, porém, o pensamento de começar uma vida nova com Selim me deixava feliz. Eu estava simplesmente tentando entender o que eu sentia por ele.

Eu tinha certeza do que ele sentia por mim. Eu confiava nele. Mas e quanto aos meus sentimentos? Eu não estava apaixonada por Selim.

Ser uma boa pessoa e estar apaixonado por mim, essas duas coisas eram suficientes para eu me casar? Eu mal tinha feito 21 anos e queria me apaixonar só uma vez e me casar com o homem que amasse. Será que eu queria testar esse amor com Selim? Eu queria tanto estar apaixonada por ele e ser mãe de seus filhos! Se eu me esforçasse um pouco, será que conseguiria me apaixonar por ele?

Eu não queria aceitar o pedido de casamento de Selim só com a intenção de fugir da casa do meu pai, assim como tinha feito da primeira vez, mas sim porque acreditava que podíamos ser felizes juntos.

No final do quinto dia, uma voz interior me disse que Selim era o homem certo para mim e eu tomei a minha decisão. Eu iria me casar com ele para viver uma vida inteira de felicidade a dois!

Selim era realmente uma pessoa maravilhosa. Eu me sentia extremamente à vontade com ele. Ele fazia tudo para me ver feliz e tinha prazer em me mimar como se eu fosse uma criança. Nós ríamos das menores coisas e, se a minha família tivesse algum problema, eu podia chorar no ombro dele. Ao contrário de Levent, ele não era nem um pouco ciumento. Dizia que o ciúme era sinal de falta de confiança e que ele confiava em mim totalmente.

O amor e a compreensão que ele demonstrava me ligavam cada vez mais a ele à medida que o tempo passava. Eu estava empolgada e feliz com a idéia de começar uma nova vida ao lado dele e sem nenhum medo do futuro.

Quatro meses se passaram e começamos a nos preparar para o casamento. Enquanto eu vivia a fase mais excitante da minha vida, fui surpreendida pela mais desagradável surpresa ao saber que o meu pai ia se divorciar da minha mãe.

O meu pai decidiu acabar com 27 anos de convivência com a minha mãe dois meses antes do meu casamento. Embora eu tivesse implorado para que ele esperasse um pouco mais, não houve jeito.

Dessa vez ele não mudou de opinião nem quis nos ouvir. A minha mãe disse que, se ele não adiasse o divórcio, ela não viveria mais sob o mesmo teto que ele e não iria ao meu casamento. Eu não sabia o que fazer. Não conseguia convencer o meu pai a adiar o divórcio nem minha mãe a ir ao meu casamento. Durante esse período difícil, Selim ficou sempre ao meu lado e tolerou a minha raiva e o meu humor inconstante.

A coisa que eu receava havia tanto tempo estava enfim se tornando realidade, e os meus pais estavam divorciados. Esse foi o presente de casamento que eles me deram!

Finalmente, o dia do meu casamento chegou. Eu estava vestida de noiva e maquiada. Olhei no espelho pela última vez. O meu cabelo, a minha maquiagem e até o vestido de noiva, que eu tinha escolhido na Itália sem nenhum entusiasmo, me pareciam detestáveis. A minha irmã e todas as minhas amigas diziam que eu estava linda, mas eu me sentia deprimida e só tinha vontade de rasgar tudo o que estava usando.

Nada foi muito bom nem poderia ser! Um casamento sem a minha mãe não poderia ter sido maravilhoso! Só faltava uma hora para a cerimônia. O meu pai esperava no carro que me levaria à igreja.

Sim, tinha chegado a hora. Para mim não era difícil deixar a casa da qual eu só tinha lembranças ruins! Mas, e quanto à minha mãe? Na saída, ver a minha mãe parada ali para se despedir, sem se dar ao menos o trabalho de se arrumar, foi a maior dor que eu já tive em toda a minha vida. Eu tentei ficar calma, com a ajuda do tranqüilizante que tinha tomado. Eu estava tentando suportar, não chorar, não me rebelar, não gritar: "Eu nunca perdoarei você!"

Mas isso não aconteceu... Não consegui... Ao beijar a minha mãe na porta da frente, não pude conter os soluços. Eu chorei incontrolavelmente. Quando me levaram para o meu quarto, alguém tentou me acalmar enquanto outros enxugavam as minhas lágrimas e colocavam gelo nos meus olhos inchados.

Um pouco depois eu me acalmei e voltei à razão. Eu estava tão atrasada que todos estavam em estado de pânico e o meu pai não cansava de me mandar recados do andar de baixo. Sim, eu estava pronta para deixar aquela casa. E também, sem sequer olhar para trás, eu estava deixando toda dor e indo ao encontro do meu futuro e da minha felicidade.

Quando abri os olhos, depois de uma lua-de-mel de sonho nos Estados Unidos, percebi que os sonhos não tinham mesmo lugar na minha vida. Eu devia ter fechado os olhos mais uma vez e nunca mais voltado a abri-los. A morte repentina do meu sogro, na nossa volta, devastou todos nós e o meu sonho se tornou um pesadelo.

Eu realmente amava muito o meu sogro; não devia ter espaço para pesadelos dentro dos sonhos!

Eu só tive tempo de passar seis meses com o meu sogro, que era a pessoa mais doce que eu já conheci. Esse tempo tão curto já foi suficiente para que eu o amasse como a um pai de verdade.

Uma noite ele disse, "Esta noite vamos beber *raki* (uma bebida alcoólica tradicional turca, feita de anis). Eu não posso desfrutar esse prazer com meus filhos, mas a minha nora não vai me deixar beber sozinho, vai?"

Ele era um homem tão bom que eu não consegui nem dizer a ele que nunca tinha bebido *raki* na minha vida. Na verdade, eu não suportava nem sentir o cheiro do *raki*. Mas, para deixá-lo feliz, eu me forcei a tomar a bebida e consegui.

Na verdade, com o tempo o *raki* se tornou a minha bebida favorita, um hábito que adquiri com o meu sogro.

❧❧

O meu sogro tinha dificuldade para andar por causa da doença, mas costumava dizer, "Ainda vou empurrar o carrinho dos meus netos". Infelizmente, ele não teve chance de conhecê-los.

Nosso 17º aniversário de casamento foi uma noite inesquecível e uma ótima oportunidade para eu relembrar aqueles anos passados que foram como um sonho para mim.

Primeiro jantamos à luz de velas num restaurante muito elegante. Selim, com os seus olhares profundos, dava a entender que a nossa noite não terminaria ali. Depois de sairmos do restaurante, ele parou no Ceylan Intercontinental Hotel, deu as chaves do carro para o manobrista e depois me levou pela mão para dentro do hotel. Quando chegamos na recepção, percebi pela conversa que já tínhamos uma reserva. Quando Selim me deu as chaves do quarto, sorriu docemente.

Suíte 610.

Em outras palavras, seis do dez.

Exatamente 17 anos antes, tínhamos nos casado no dia seis de outubro. Tínhamos passado a nossa noite de núpcias nesse hotel, que na época se chamava Sheraton, na suíte 610.

Depois de tantos anos, o meu marido não tinha esquecido esse detalhe. Isso foi algo que eu nunca esquecerei.

Por volta dessa época, o meu filho tinha começado a fazer o quinto ano. Um ano antes tínhamos tirado Jeffrey da escola particular e o matriculado numa escola pública. Achamos que, se ele estudasse apenas no período da manhã, teria tempo de se preparar melhor para a faculdade, com a ajuda de professores particulares e dos testes que ele faria em casa. Essa mudança fez muito bem a ele. No entanto, o fato de ele chegar em casa ao meio-dia criou problemas para mim. Como ele precisava da minha ajuda, eu desisti de dar aulas. Para nós, a educação dele era mais importante do que qualquer outra coisa.

Nesse dia eu dei apenas uma aula e voltei para casa, antes que Jeffrey chegasse. Depois de vestir uma roupa confortável, preparei o seu bolo favorito. Jeffrey não teria muito tempo para almoçar, porque a professora logo chegaria. Enquanto eles trabalhavam juntos, eu planejei passar um pouco de roupa. Como essa era a tarefa que eu mais detestava, sempre costumava adiá-la. No entanto, uma pilha de roupas gigantesca esperava por mim.

Depois de fazer café para a professora, comecei a passar a roupa. Eu podia ouvir a voz dos dois no andar de baixo. Como eu teria de ajudá-lo mais tarde, estava com pressa de passar a roupa e ouvir a lição para me manter atualizada. Enquanto estudava com o meu filho, eu costumava relembrar coisas que eu já tinha esquecido havia muito tempo.

Enquanto estava concentrada no ferro de passar e na lição, ouvi a voz do meu filho me chamando. Quando fui ver o que era, esperei até que a professora acabasse a explicação. Por um momento, fiquei olhando os dois com um ar de interrogação.

"Jeffrey, você não me chamou?"

"Não, mãe!"

Pensando ter imaginado coisas, voltei a passar roupa. Poucos minutos depois, senti como se estivesse ouvindo aquela voz outra vez.

"Mãe."

O meu filho estava me chamando. Dessa vez, sem nem descer até o andar de baixo, fui até o topo da escada e esperei um minuto. A sala de estar estava silenciosa. Pelo que parecia, Jeffrey estava ocupado com o teste que a professora tinha lhe dado. Por um segundo, os meus ouvidos tinham me pregado uma peça. Mas a voz vinda do mundo invisível tinha me chateado; resolvi largar a pilha de roupa pela metade e ir para o meu quarto descansar um pouco.

Eu estava deitada na cama quando senti um sono quase irresistível. Já estava quase na hora de a professora ir embora e eu não podia dormir. Sentei-me na cama com a coluna reta e achei que já estava na hora de acabar o livro que eu estava lendo.

Mas, por algum motivo, eu não conseguia encontrar sentido em nada do que lia e tinha de voltar a ler cada linha várias e várias vezes. A voz me chamando não me saía da cabeça. Era estranho que eu tivesse me enganado duas vezes numa questão de minutos.

Embora eu estivesse tentando concentrar a atenção na leitura, eu não conseguia deixar de sentir a sensação que me provocara aquele chamado. Foi nesse momento que eu vi a luz sobre o meu ombro esquerdo. O anjo que me trazia paz e contentamento nos momentos de medo e preocupação estava presente outra vez.

Eu só não podia entender por que ele tinha aparecido sem nenhuma razão aparente. Porque até aquele dia ele só surgia quando eu estava triste ou passando por dificuldades. Mas no momento eu não tinha nenhum problema. Ou será que tinha, mas não havia me dado conta ainda? Será que aconteceria alguma coisa?

Eu não fiz nenhum movimento para que a luz não fosse embora e ficasse mais tempo sobre o meu ombro. Se eu me mexesse, ela sumiria!

"Não vá embora", eu disse devagar. "Por favor, não vá embora!"

Infelizmente, ela sumiu depois de alguns segundos.

Inconformada, eu me levantei da cama. A minha garganta estava seca. Quando fui à cozinha tomar água, vi um relógio sobre a máquina de lavar pratos. Examinei-o cuidadosamente, mas não consegui entender de quem ele era. Quando estiquei o braço para pegá-lo, recuei instintivamente, como se tocasse fogo. Nesse momento, eu me lembrei das palavras da sra. Nilgun:

"O relógio que sumiu será substituído por outro que não pertence a nenhum de vocês!"

Sim, tinha acontecido exatamente o que ela previra. Eu não conhecia esse relógio. Ele não pertencia a nós!

Surpresa e aterrorizada, continuei olhando para o relógio. Eu não tinha nem coragem de pegá-lo na mão ou tocá-lo. Era como se ele não fosse real. Quem sabe, se eu o tocasse, ele desapareceria?!

Eu tinha certeza de que o relógio não estava ali minutos antes, quando eu fazia café para a professora de Jeffrey. Isso significava que ele tinha acabado de aparecer ali.

Eu cheguei mais perto do relógio.

Lembrei-me do dia em que o relógio de Jessica havia sumido. Quando vi que ele não estava na frente do espelho, fiquei apavorada e sem poder entender. Eu estava em pânico! Para onde ele tinha ido? O que tinha acontecido com o relógio? Eu não conseguia ver sentido em tudo aquilo. O que estava mudando eram os meus sentimentos, e só.

Eu me lembro de ter pensado, *Quanto o dono desse relógio não deve ter procurado por ele! Ou quem sabe ele não tenha nem sequer notado. Bem, a quem será que ele pertence de fato? De onde veio? E como? Será que veio de alguma casa nas proximidades ou de algum lugar há quilômetros dali? Será que ele voou até a minha casa ou alguma força invisível o trouxe?*

Trouxe-o para cá! Bem para a minha cozinha! Ai, meu Deus! Se ele não tinha voado até ali, isso significava que o poder que o trouxera tinha estado ali um pouco antes. Talvez ainda estivesse ali... esperando! Será que tudo voltaria a ser como antes?

Eu estava tão apavorada que não tinha coragem nem de me virar e olhar! Assim como se insetos estivessem vindo de todos os cantos. Os insetos não eram mensageiros de todos os novos incidentes?

O meu anjo... Sim, o meu anjo tinha aparecido por essa razão alguns minutos antes. Era por isso que ele estava no meu ombro. Agora eu entendia melhor por que ele tinha vindo. Ele aparecia para me lembrar da sua presença e talvez para me proteger dos perigos que podiam me assaltar!

Já fazia quase um ano e meio que eu tinha consultado a sra. Nilgun. Depois de um ano e meio de paz, o que aconteceria agora? Será que ela não tinha sido capaz de nos proteger? Quando eu vi o relógio pela primeira vez, não tive medo. Talvez eu tivesse demonstrado coragem porque já sabia que ele ia aparecer. Mas, quando comecei a pensar nos detalhes, a minha coragem começou a dar lugar novamente ao medo e à ansiedade.

"Mãe, está me ouvindo?"

Quando me virei, vi o meu filho com uma expressão de indagação no rosto e a professora ao lado dele.

Pelo visto, ele já devia ter me chamado antes. Eu de fato estava perdida em pensamentos! Estava tão preocupada em pensar no que tinha vivido no passado e no que viria a passar no futuro, que não tinha condições de ouvir mais nada! Quem sabe talvez eu tivesse ouvido e pensado que os meus ouvidos estavam me enganando outra vez e não dado atenção?

Depois que a professora foi embora, liguei para a sra. Nilgun e contei que havia encontrado um relógio e o levaria para ela imediatamente. Quando deixasse o relógio com ela, já estaria preparada para fazer todas as perguntas que me intrigavam. Dessa vez eu queria respostas para cada uma delas. Eu não queria que ela me dispensasse, dizendo, "Tudo bem, não há mais problemas agora".

Quando cheguei na casa dela, assim como das outras vezes, ela me pareceu muito ocupada. Quase todos os cômodos da casa estavam cheios. Havia pessoas de pé esperando na sala de estar, na sala de espera e até na cozinha. Fiquei incomodada quando ela perguntou pelo relógio na frente de todas aquelas pessoas. O meu problema era muito particular e não havia por que comentá-los na frente de todo mundo. Sem que eu percebesse, de repente o meu rosto assumiu uma expressão de desagrado. Com o tumulto à minha volta, era óbvio que ela não tinha muito tempo para me atender. No entanto, eu tinha tanto para lhe perguntar. Quando disse isso a ela, a resposta só serviu para me deixar mais tensa ainda:

"Há muitas pessoas me esperando, Stella. Eu estou fazendo tudo para ajudar você, mas hoje não tenho tempo para suas perguntas."

Ela nunca tinha tempo para as minhas perguntas, não só naquele dia. Mesmo quando conversávamos pelo telefone, ela várias vezes me pedia para esperar um minuto. E eu não conseguia descobrir nada do que gostaria.

Percebi que era um erro esperar demais da sra. Nilgun.

7

Naquele ano o meu filho conseguiu, por mérito próprio, uma vaga na Austrian High School. Por uma feliz coincidência, também tinha sido ali que a minha sogra se formara.

"Se você estudar bastante e conseguir uma vaga nessa escola, ajudarei você a descobrir um monte de coisas", ela disse para Jeffrey um ano antes. No entanto, embora ela o tenha ajudado nos estudos, a minha sogra ficou tão doente que mal pôde usufruir a felicidade com que ela vinha sonhando havia tanto tempo.

Quando a dor de perder o meu pai ainda oprimia o meu peito, a morte da minha sogra me trouxe os mesmos sentimentos outra vez.

❧

12.5.1994 Quinta-feira

Apesar de adorarmos cães e gatos assim como o meu pai, até então nunca tínhamos pensado em ter animais de estimação em casa.

Um dia eu pensei comigo de repente: "Eu deveria ter um cachorro." Liguei para Selim toda empolgada. Quando pedi que ele viesse para casa mais cedo para comprarmos um cachorro, ele pensou que eu estivesse brincando; depois percebeu que eu estava falando sério e resmungou um pouco:

"Stella, será que uma pessoa deve comprar um cachorro assim como compra uma melancia no mercado? Para que tanta pressa?"

Estávamos casados havia 18 anos. Até esse dia, eu não tinha pedido nada ao meu marido nem insistido sobre nenhum assunto. Mas dessa vez a situação era diferente. Eu não tinha intenção nenhuma de esperar o tempo certo nem o dia certo. Eu estava determinada a dormir com o meu cãozinho já naquela noite.

Selim sabia muito bem que, quando eu punha uma idéia na cabeça, não havia meio de me fazer desistir. Percebendo o quanto eu queria o cachorro, ele não se recusou a satisfazer o meu desejo. Às seis e meia, quando estávamos indo à loja de animais, ele me perguntou que tipo de cachorro eu queria.

"Não quero uma fêmea nem um cachorro de tamanho médio. Pode ser um bem pequenininho ou um que fique bem grande."

"Muito bem. Você vai ter o cachorro que quiser. Mas eu quero que me prometa uma coisa. Hoje à noite nós só vamos dar uma olhada. Depois de tomarmos uma decisão, falaremos a respeito lá em casa, quando estivermos todos juntos. Isso quer dizer que não vamos comprar um cachorro hoje. Nós todos decidiremos e compraremos o cachorro juntos no final de semana, está bem?"

"Não posso prometer isso!"

"Stella, por favor, pense um pouco", ele insistiu. "Só faltam dois dias para o fim de semana. Precisamos pensar para não tomar a decisão errada."

Quando vi Mandy pela primeira vez, ela estava dentro de uma gaiolinha. Ela era branca com manchas marrons. Eu não conseguia ver o sexo daquela coisa engraçadinha, pois ela só tinha um mês e meio de vida. Quando a tirei da gaiola, descobri que ela era uma fêmea da raça Springer Spingel. Em outras palavras, todas as características que eu não queria, ela tinha. Exceto a beleza!

"Eu não queria esse tipo de cachorro; pensei num bem diferente", disse ao vendedor.

Quando eu ia colocar o filhotinho de volta na gaiola, ela se agarrou no meu braço com suas unhas pequeninas, como se dissesse, "Por favor, leve-me com você". Foi nesse momento que percebi que ela faria parte da minha vida até que a morte nos separasse.

"Selim, já decidi", eu disse virando-me para o meu marido. "Eu quero este cachorro!"

"Stella, ele é lindo, mas não é do tipo que você queria. Além do mais é uma fêmea!"

"Tudo bem, não faz mal. Selim, pelo amor de Deus, dê uma olhada nela. Olhe como ela se agarrou à minha mão! Não posso mais me separar dela."

"Está bem, mas você sabe que não vamos levá-la agora."

Que força poderia nos separar? Se eu já estava imaginado-a dormindo comigo na cama, como poderia deixar que ela voltasse para a gaiola outra vez?

"Vamos, Stella, coloque o cachorro na gaiola e vamos embora!"

Antes que ele acabasse de falar eu já estava correndo para fora da loja com o cachorro que, eu sabia, seria mais importante do que a minha própria vida.

Tínhamos parado o carro numa vaga afastada. Ao perceber que eu estava razoavelmente longe de Selim, decidi andar mais devagar. Fui para o carro bem lentamente. Estava tão feliz que poderia até voar.

Incapaz de esconder meus sentimentos, como sempre, e sem me importar com as pessoas me olhando, gritei para a minha cachorrinha: "Eu nunca vou desistir de você!"

Desde o primeiro instante, senti uma ligação tão profunda com a minha cadelinha que quase podia sentir o meu amor e carinho crescendo por ela. Aquela coisinha me olhava com os seus olhinhos agradecidos. Antes de dar um nome a ela, prometi a mim mesma que a amaria e protegeria mais do que tudo.

Como se me entendesse, ela caiu no sono no meu colo, enquanto eu a acariciava.

Por um longo tempo, esperei ao lado do carro até que Selim chegasse. Eu estava tão satisfeita e tranqüila que ele não ficaria bravo comigo. Selim era um homem maravilhoso. Ele nunca se zangava comigo e fazia tudo para me fazer feliz. Eu o vi chegando com uma sacola e um saco de ração para cachorro. Quando chegou perto de nós, ele tinha um sorriso doce no rosto.

"Sabe de uma coisa, Stella?", disse ao chegar.

"O quê?", perguntei, com um olhar travesso.

"Eu nem tive a chance de pegar a nossa cachorrinha no colo. Você é a única que vai amá-la?"

As crianças ficaram excitadíssimas naquela noite, é claro, depois de ver o presente. Essa cachorrinha era o presente perfeito para Jeffrey, que faria 12 anos dali a dois dias.

※※

Eu acredito que, na vida, não existem coincidências. Isso acabou se confirmando por meio de acontecimentos que envolveram a minha cunhada Esi e um médium israelense chamado Ari, conhecido dela.

Quando Esi descobriu o que estava acontecendo na nossa casa, ela começou a me falar de Ari e de seus poderes, fazendo brotar em mim outra vez um fio de esperança. Eu gostaria de saber se esse homem teria as respostas para as minhas perguntas.

Pelo que Esi me dissera, Ari tinha nascido em Istambul e morava em Israel havia muito tempo. Ele voltava a Istambul duas vezes por ano para visitar a família, de quem sentia muita falta. Ari era especialista em reiki e já tinha ajudado muitas pessoas a atingir resultados milagrosos. Depois de pedir o telefone dele a Esi, liguei para Ari no mesmo dia. Pelo que ele me disse ao saber do meu caso, percebi que era a pessoa que eu procurava.

"Olá, meu nome é Stella, sou cunhada de Esi. Estou com problemas sérios e, se não for incômodo, gostaria de saber se poderíamos conversar."

"Olá, Stella. Não, incômodo nenhum. Podemos conversar agora mesmo. Mas antes de começar, eu gostaria de lhe fazer uma pergunta. O que você tem do lado esquerdo?"

"Do lado esquerdo? Uma janela."

Ouvi a risada de Ari. Percebi que não era isso que ele havia perguntado.

"Acho que você não me entendeu. Estou me referindo ao seu corpo. Três dedos da sua mão esquerda estão sem sensibilidade. Ou você não tinha percebido?"

Dois ou três meses antes, eu tinha sentido uma certa dormência no meu braço esquerdo; logo em seguida comecei a sentir uma falta de sensibilidade em três dedos. Embora Selim vivesse me pressionando para ir ao médico, eu não tinha tido tempo para cuidar dos meus problemas pessoais. E, agora, ouvir um estranho falando a respeito disso numa conversa telefônica entre Istambul e Israel me deixou chocada. Eu percebi que acreditaria em tudo o que aquele homem me diria.

Eu contei resumidamente tudo pelo qual tínhamos passado. Sem fazer nenhum comentário, ele disse, "Ligue-me daqui a uma hora, exatamente" e desligou.

"Olá, sou eu novamente", eu disse ao ligar uma hora depois.

"Stella, como estão os seus dedos?"

Eu não sabia quem acreditaria nisso ou nas coisas que eu tinha vivido nos últimos cinco anos! Os meus dedos tinham voltado ao normal, como se tivessem voltado à vida. Depois de testemunhar os poderes de Ari agindo na minha própria vida, percebi que ele era a pessoa que me ajudaria a resolveu o meu problema real. Isso me deixou tão feliz que eu estava literalmente pulando de alegria.

"Isso é inacreditável! A dormência nos dedos passou! Não consigo entender, como foi que fez isso?"

"Nós apenas começamos. Na verdade, você não vai acreditar no que vai ouvir daqui em diante. Eu analisei o que você disse. Você está passando por problemas realmente muito graves. Eu não quero lhe dar mais nenhuma informação agora. O que eu tenho a dizer pode deixá-la assustada. Por isso, será melhor se conversarmos pessoalmente. Daqui a dois meses eu vou à Turquia. Estou com muito trabalho agora e não posso antecipar a viagem. Mas, se você pudesse vir a Israel, seria muito bom!"

Sem pensar duas vezes eu disse, "Eu vou!"

Poucos dias depois de falar com Ari, eu comecei os preparativos para a viagem.

Já fazia um bom tempo que eu estava pensando em ir a Israel. Eu tinha tanta saudade da minha tia, dos meus primos e da minha antiga escola! Eu tentaria fazer tudo o que queria num curto espaço de tempo. Tudo de que eu sentia falta, o que eu não podia esquecer e, agora, toda a minha esperança estavam naquele país.

A caminho do aeroporto, percebi que Selim estava preocupado. Na verdade, ele estava assim desde aquela manhã, mas por algum motivo não queria me dizer qual era o problema e preferia dar evasivas do tipo "Não há nada de errado comigo".

"Selim, por favor não me diga de novo que não há nada de errado com você", insisti. "Eu percebi que, desde hoje de manhã, alguma coisa está incomodando você."

"Sabe, meu bem", ele disse numa voz hesitante, "eu não quero assustar você, mas acho melhor lhe contar."

"O que aconteceu?", perguntei ansiosa.

"Você percebeu que eu acordei antes de você hoje, não é?"

"Percebi."

"Enquanto você dormia, eu achei uma coisa sobre o seu travesseiro."

"Achou o quê?", perguntei, curiosa.

"Isto", ele disse, esticando o braço para pegar algo no banco de trás. Uma rosa vermelha!

<hr>

Como sempre, o meu primo Hayim estava no aeroporto me esperando. Ao nos abraçarmos calorosamente, percebi quanta saudade eu sentia dele.

Hayim era apenas três meses mais velho do que eu. Éramos muito ligados. Ele era meu irmão, meu amigo e meu confidente. Eu nunca me esquecerei dos verões que tínhamos passado juntos em Buyukada.

Como ele não morava mais na Turquia, nós costumávamos passar um bom tempo ao telefone, nos lembrando dos velhos tempos, apesar do custo alto das ligações internacionais.

Conversávamos sobre os tomates deliciosos que roubávamos da mesma horta; as acusações que trocávamos quando um de nós molhava a cama ao dormirmos juntos; os passeios pela ilha no lombo de burro; as vezes em que a minha mãe ou a dele saíam à nossa procura quando, em nossas andanças pelas ruas, perdíamos a hora de voltar para casa; e nas ocasiões em que costumávamos nos encontrar às escondidas quando estávamos proibidos de nos encontrar. Então, anos depois, compartilhamos a empolgação das nossas primeiras experiências de amor.

Assim como nos velhos tempos, estávamos juntos outra vez. Quando estávamos a caminho da casa da minha prima Stella, Hayim, sabendo de tudo o que eu estava passando havia anos, quis saber por que eu tinha ido a Israel de modo tão imprevisto.

"Vamos, Stella, me conte", disse ele. "O que está acontecendo? Deve haver uma boa razão para você vir para cá assim tão de repente."

Eu podia entender a curiosidade do meu primo, mas sabia que a irmã dele me faria a mesma pergunta, então preferi não explicar a mesma coisa duas vezes.

"Tenha um pouquinho de paciência", respondi. "Vamos conversar melhor na casa da sua irmã. Agora eu quero que você me conte sobre a minha tia."

"Ela também está muito feliz com a sua vinda. Está nos esperando amanhã para o café da manhã."

Nessa noite nós conversamos até de madrugada. Enquanto eu falava, eles me bombardeavam com perguntas. Era impossível não notar o quanto a minha prima Stella se sentia desconfortável com o assunto. A pergunta que ela me fez de repente, com ar entre sério e divertido, deixou-me confusa e sem saber o que responder:

"Stella, você acha que esses gênios poderiam vir para cá com você?"

"Que coisa ridícula, Stella, assim você está me assustando!", respondi. No entanto, percebi que, na realidade, ela estava mais assustada do que eu. Isso me deixou aborrecida.

Na verdade, eu não queria tocar no assunto. Quando eu e a minha família fomos para a ilha Burgaz nas férias de verão, a calça *jeans* de Selim que havia sumido em casa foi substituída por outra. Assim como o relógio. Quando vimos sobre o guarda-louça uma calça *jeans* comprida o suficiente para vestir um homem de dois metros e meio, percebemos que mudar de lugar não adiantava nada. Aonde quer que fôssemos, aquelas criaturas estranhas iriam conosco.

Se eles tinham sido capazes de ir à ilha Burgaz, também não teriam dificuldade nenhuma para ir a Israel. Eu não contei isso à minha prima, pois não queria que ela ficasse mais preocupada ainda. Na verdade, naquele momento pensei em procurar um hotel para não perturbar a paz da família, mas a simples menção a essa idéia os deixaria muito aborrecidos. Por isso desisti.

Hayim, por outro lado, parecia mais calmo do que a irmã. Ou pelo menos estava tentando ficar!

Pela manhã, depois de tomarmos café da manhã todos juntos na casa da minha tia, telefonei para Ari e avisei-o da minha chegada. Como ele estava muito ocupado nesse dia, combinamos de nos encontrar no dia seguinte.

Como Hayim não iria trabalhar por alguns dias, poderíamos fazer o que eu quisesse. Sem pensar nem um minuto, eu disse a ele:

"Leve-me à minha escola, Hayim. Isso é tudo o que eu quero!"

De carro, a casa da minha tia ficava a uma hora de viagem da escola. Para mim, era como se a hora não passasse. Eu estava entusiasmada com a idéia de ir à minha antiga escola, ver meus professores e a minha líder de grupo, Joseline, a quem eu amava como a uma irmã.

A última vez que eu tinha ido à minha escola, eu estava com Jessica, que só tinha 8 anos de idade. Eu nunca me esqueceria daquele dia. No caminho para a escola, enquanto eu contava à minha filha sobre o ano maravilhoso que eu havia passado com Joseline e as minhas amigas, a meu ver a melhor época da minha vida, senti um medo enorme brotando dentro de mim.

Eu estava a caminho da minha antiga escola, que eu tinha freqüentado quando era uma adolescente de 16 anos, e estava agora voltando ali como mãe e mulher madura de 31 anos.

Quando entramos na escola, segui automaticamente na direção da casa de Joseline. Ao entrar no jardim de mãos dadas com a minha filha, fiquei tão eufórica ao avistá-la de longe que o meu coração quase saiu pela boca. Ela estava de costas para mim. Antes de nos aproximarmos, gritei, "Joseline!" Ela se voltou e buscou com o olhar quem a chamava. Ao me ver, ela gritou:

"Stella... Stella Molinas!", enchendo-me de emoção.

Eu larguei a mão da minha irmã e corri ao encontro de Joseline. Nós nos abraçamos com carinho, assim como nos velhos tempos. Depois de almoçarmos juntas e termos uma longa conversa, mostrei a ela um álbum de fotos da minha família e percebi que tinha me enganado ao pensar que ela poderia ter me esquecido.

Agora, sete anos já tinham se passado. Quando Hayim e eu entramos na escola, eu não sentia nenhuma ansiedade, só o entusiasmo de pensar nas horas que passaríamos ali.

Joseline continuava a mesma. Foi calorosa e afetuosa como sempre. Depois de passarmos um longo tempo na casa dela, eu disse que queria andar um pouco pela escola. Enquanto Hayim conversava com o marido de Joseline, eu saí da casa para ficar um pouco sozinha e me lembrar dos velhos tempos.

Já era quase sete da noite e estava quase na hora de irmos embora. Quando eu voltei para a casa de Joseline, procurei guardar na memória todos os recônditos e partes da minha escola, pois não sabia quando voltaria lá.

Eu ainda me lembrava do que eu tinha escrito aos meus pais na primeira carta que mandei dessa escola: "Eu agora estou numa escola que só tinha visto nos filmes e que sempre invejei. Tenho medo de me perder nesse mundo gigantesco, em meio a tanto verde!"

Uma menina de 15 anos, morando longe da família e do homem amado num país estrangeiro, expressava desse modo suas emoções no papel

A minha família decidiu que eu estudaria em Israel. Embora eles tenham garantido que não me forçariam a ir se eu não quisesse, por causa do sentimento de culpa que eles provocavam em mim e da minha incapacidade de dizer não a eles em qualquer circunstância, tive de aceitar essa vida que eles me propuseram. Nos poucos dias de férias que passei com meus pais em Israel, ao ouvir o meu pai anunciando a decisão que havia tomado naquela noite com relação à minha vida, eu chorei e rezei para que tudo não passasse de uma brincadeira de mau gosto.

"Ouça, querida", ele disse, "por razões que não podemos lhe explicar, decidimos morar em Israel no ano que vem. Só posso dizer que essa mudança está ligada aos meus negócios. Vamos ficar todos juntos aqui, com a sua irmã, o seu cunhado e os seus sobrinhos. Você sabe que este ano você já repetiu na escola e terá de fazer a mesma série outra vez. No entanto, se você continuar as aulas aqui, terá chance de passar para o ano seguinte. Pensamos a respeito e, se você aprender hebraico este ano, no ano que vem também poderá nos ajudar muito. Mas se aceitar ficar aqui, terá de começar a escola sem demora!"

Eu cobri os ouvidos e me recusei a ouvir mais. Cobrir os ouvidos... Não havia mais nada que eu pudesse fazer! Eles tomavam todas as decisões sobre o caminho que eu deveria seguir na vida e a mim só competia segui-lo, sem saber aonde ele ia me levar!

Eles me deram apenas uma noite para decidir sobre a minha vida. Para eles uma noite bastava para que eu dissesse "sim"!

Pela manhã, depois da noite mais longa da minha vida, eu acordei com o sol brilhando através das cortinas, dando-me as boas-vindas. Eu

• 111 •

estava em paz comigo mesma. Estava contente por ter aceito esse novo começo e uma nova vida. Embora eu não pudesse decidir sobre a minha própria vida e tivesse de acatar as decisões dos outros, eu iria ser independente nessa minha nova vida. Eu iria viver a felicidade e a tristeza do meu próprio jeito e a medida de cada uma delas dependeria do que eu mesma sentisse. Eu iria crescer ali à minha própria moda!

Na primeira carta que escrevi para a minha família, as palavras e sentimentos que suprimi renderam-me um ano que não esquecerei pelo resto da minha vida. Eu me ergui sobre as minhas próprias pernas e fui um sucesso. Ganhei a batalha pela minha identidade, que eu tinha de provar.

Ao voltar para casa, um ano depois, nas férias de verão, eles novamente anunciaram a decisão que haviam tomado com relação à minha vida sem me consultar ou levar em conta meus sentimentos e a minha identidade.

"Veja, querida, os negócios do papai tomaram outro rumo. Decidimos não morar mais em Israel. Por isso, não queremos que você more mais lá sozinha!"

Quando eu estava vivendo a minha própria vida, trilhando o meu próprio caminho, eles novamente interferiram na minha vida e fizeram-na tomar outro rumo! Embora eu não soubesse que rumo ela tomaria no futuro, eu me lembraria daqueles caminhos quando olhasse para trás!

☙❧

Estávamos esperando ansiosos por Ari, na casa de Stella. Ele já tinha avisado que chegaria às duas e meia da tarde, ou seja, dali a poucos minutos.

Eu estava curiosa para conhecer esse homem com o qual eu só tinha conversado pelo telefone. Queria que ele chegasse o quanto antes. A energia positiva que ele passava na voz e o poder surpreendente que demonstrava me transmitiam um sentimento bom. A minha prima também tinha ficado surpresa e impressionada quando lhe contei que ele sabia dos meus dedos dormentes e tinha feito com que voltassem ao normal uma hora depois.

Quando a campainha tocou exatamente às duas e trinta, percebi que ele era uma pessoa muito pontual. Isso era muito importante para mim.

Eu sempre procurava chegar pontualmente nos meus compromissos. Isso mostrava o valor e o respeito que eu tinha por aqueles que me esperavam.

"Olá, eu sou Ari", ele disse, apresentando-se.

"Bem-vindo, Ari, nós duas somos Stella, mas eu sou a que você veio ver", eu disse sorrindo.

Eu já sentia simpatia por esse homem de estatura alta e rosto sorridente, que aparentava uns 55 anos. Enquanto tomávamos um café, nossa conversa aos poucos foi ficando mais descontraída, como se nos conhecêssemos havia muitos anos. A pergunta inesperada que ele fez à minha prima nos surpreendeu a todos.

"Há um bebê na casa?"

A minha prima morava numa casa de quatro andares com o marido. Eles tinham três filhos, que já não moravam com eles havia muitos anos. Naquele dia, porém, o marido e a neta de 10 meses estavam dormindo num dos andares de cima. Desde que Ari havia chegado, o bebê não fizera nenhum barulho e não havia indícios de que havia uma criança na casa.

"Sim, o meu marido e a minha neta estão dormindo lá em cima", a minha prima respondeu surpresa. "Como você sabe?"

"Essa criança tem asma", Ari disse, em vez de responder. "Acho que a senhora já sabe."

Eu percebi que a criança de fato tinha asma pelo olhar incrédulo de minha prima.

"Pelo amor de Deus, como você sabe disso?", perguntou Stella, num tom mais insistente.

"Esse é o meu trabalho", ele respondeu sorrindo.

Um pouco depois Ari disse que gostaria de conversar comigo em particular.

"Depois de conversarmos um pouco, vou lhe passar um pouco de energia", ele explicou. "Por isso, é melhor irmos para um outro cômodo onde ninguém nos interrompa."

Quando estávamos indo para um cômodo no terceiro andar, Ari estancou de repente.

"Stella", ele disse olhando para a minha prima. "Há uma falha elétrica nesta parede; nunca coloque nem um prego nesta parede sem antes chamar um eletricista."

Olhamos uma para a outra, surpresas. Eu sabia que nenhuma de nós tinha dúvida sobre o que Ari dissera.

Fiquei sozinha no quarto com Ari. Enquanto ele olhava para mim e eu para ele, eu não sabia nem por onde começar a conversar. O poder desse homem me surpreendia.

"Já entendi", ele disse com um sorriso. "Você não tem nenhuma intenção de falar. Como não vamos ficar aqui nos olhando o dia inteiro, é melhor eu começar a fazer perguntas."

Ele era um homem realmente simpático. O seu jeito descontraído e amigável me deixou à vontade.

"Aconteceu algo de novo depois que nos falamos pelo telefone, Stella?"

"Não", eu disse. "Às vezes se passam semanas ou até meses sem que surja nenhum problema. Geralmente, quando vai acontecer algo ruim, nós ficamos sabendo antes."

"Por meio dos insetos que você já mencionou?"

"É", respondi. "No início eu costumava pensar que era só uma coincidência. Mas agora tenho certeza de que eles são mensageiros. Ari, eu gostaria que você tivesse visto esses insetos. Eu nunca vi bichos tão grandes e brilhantes como esses na minha vida! Eles aparecem de todos os cantos quando menos se espera. Às vezes eu vejo um e outras vezes vejo dezenas. E um pouco depois de vê-los, os pesadelos começam. Nós matamos os que aparecem. Você acha que fazemos mal em matá-los?"

"Não, não fazem", ele respondeu. "Mas isso também não traz nenhum benefício, porque você não pode acabar com eles."

"Você acha que eles são de fato mensageiros?"

"Acho! Mas é muito difícil responder a todas essas perguntas, Stella!"

Eu não perguntei por quê. Eu estava com pressa de fazer todas as perguntas que tinha na cabeça e não conseguia controlar a minha ansiedade. Eu tinha de saber o máximo possível. Eu tinha a impressão de que, se demorasse muito para perguntar, eu o perderia e ele iria embora de repente. Eu estava praticamente em pânico.

"Uma médium me disse que a minha casa tinha sido invadida por gênios e que eu tinha de deixá-la imediatamente. Isso é verdade?"

"Espere, vá mais devagar", ele disse, me interrompendo. Em seguida continuou a falar como se lesse meus pensamentos. "Eu acabei de chegar e não tenho intenção de ir a lugar nenhum. Pelo menos até responder às suas perguntas, eu não irei a lugar nenhum, evidentemente. Mas, por favor, tenha calma, está bem? Agora deixe-me responder à pergunta sobre os gênios que você me fez antes. Eu não gosto de usar esse termo quando descrevo esse tipo de coisa. Se dissermos que é um tipo de energia, isso vai soar melhor ao ouvido."

"Por que esse tipo de coisa está acontecendo na nossa casa? Faz cinco anos que não temos paz ou contentamento. Os nervos dos meus filhos estão em frangalhos. Eu não sei o que fazer. Como podemos nos libertar disso, Ari?"

"Eu entendo você muito bem, Stella. É claro que não é fácil passar por tudo isso. Vamos voltar para a pergunta sobre por que essas coisas estão acontecendo na casa de vocês. O problema não tem a ver com a casa, Stella. A fonte do problema é você!"

Nesse momento eu me lembrei da conversa que tive pelo telefone com Ari. Ele havia me dito: "O que vou dizer vai deixá-la assustada!"

A palavra "assustada" era muito leve em comparação com o que eu estava sentindo. O meu corpo todo formigava. Instintivamente levei a mão à garganta. Eu sentia dificuldade para respirar quando pensava nas coisas que me passavam pela cabeça.

Que tipo de problema eu tinha? Será que eu era um estereótipo como aquelas pessoas que víamos nos filmes de horror? Será que uma Stella que eu não conhecia e que nunca tinha visto estaria fazendo aquelas coisas inacreditáveis?

Será que ela tinha quebrado o bar da sala?

Tinha feito todas aquelas coisas desaparecerem, inclusive o relógio de Jessica?

Bem, mas e quanto aos insetos?

O que dizer do meu anjo, que me dava paz e contentamento?

Eu chorava enquanto todos esses pensamentos passavam pelo meu cérebro e os pontos de interrogação faziam uma fila interminável nos meus lábios.

"Não faça isso, Stella", Ari disse, tentando me acalmar. "Você está ansiosa por nada. Não é isso o que eu estou querendo dizer. Quando eu disse que você era a fonte dos problemas, eu quis dizer a sua vida."

"Como assim? O que quer dizer?", perguntei surpresa. "Por favor, fale abertamente. Eu quero saber o que você está pensando."

"Todos nós viemos para este mundo com uma certa tarefa a cumprir e, depois de concluir essa tarefa, nós morremos. Eu acho que existem algumas coisas que você não conseguiu concluir na sua vida anterior. Em outras palavras, é como se você estivesse resolvendo assuntos inacabados."

A minha vida anterior? De onde ele tinha tirado essa idéia? Esse homem estava falando de reencarnação, algo em que eu não acreditava. Quem pode saber a respeito disso? Quem poderia me fazer acreditar nisso? Algo que eu achava absolutamente ridículo quando via num filme ou lia num jornal agora passava a ser o ponto central da minha vida e esperavam que eu acreditasse.

Sim, eu realmente acreditava plenamente na capacidade de Ari como médium e nos seus poderes, mas isso era tudo. O modo como ele me falava sobre a minha vida anterior era cômico. Eu não acreditava principalmente no que ele dissera sobre eu ter coisas da minha vida anterior que não estavam concluídas. Todos esses pensamentos eu expressei em palavras. Não seria justo esconder isso dele.

"O que eu vou lhe dizer, Stella, por favor, não se esqueça", ele disse num tom compreensivo. "Hoje você pode não acreditar em reencarnação, mas um dia você acreditará que ela é um fato. Você logo vai entender isso muito bem!"

"Como? Vou descobrir por meio de hipnose?"

"Neste momento não há razão para falarmos sobre isso, Stella. Ainda temos muito tempo pela frente."

"Não posso entender...", eu disse, balançando a cabeça. "Seja o que for que você chama de energia, o que ela quer de mim? Se, como você diz, existe um problema relacionado à minha vida passada, o que eu posso fazer a respeito?"

"Neste momento, não há nada que você possa fazer", ele disse. "Eu vou proteger você e a sua família. Não poderei fazer isso o tempo todo. Não tenho esse poder. Mas acho que conseguirei manter isso sob controle durante certos períodos."

"Que períodos? Períodos de quanto tempo?"

"No máximo nove meses, eu acho."

Para mim, era como se a minha família estivesse sendo mantida como refém. Primeiro a sra. Nilgun e agora Ari. Que tipo de vida era essa? Depois de nove meses, que tipo de coisa teríamos de enfrentar? O que o meu marido, meus filhos e eu teríamos de passar?

"E depois desse período de nove meses?", perguntei, externando a minha preocupação.

"Vamos nos manter em contato, Stella. Quando surgir algum problema, eu entro em cena novamente."

"Isso vai continuar para sempre, Ari?"

"Não pense nisso agora. Quem sabe com o tempo nós conseguimos vencer tudo isso?"

Era tão fácil dizer para outra pessoa "Não se preocupe". Nossa vida ficaria sob a proteção desse médium e, quando acabasse um determinado período, iríamos nos deparar com um novo problema. Como eu podia pensar nisso e não ficar maluca?

"Será que essa energia pode causar mal à minha família?", perguntei.

"Agora, não acho que exista esse perigo. Fique tranqüila. No momento eles estão tentando enlouquecer você. Eu vou servir de obstáculo para eles e eles não conseguirão continuar com isso."

"Está bem, Ari. Mas, já que o problema é meu, por que eles não atormentam só a mim? Por que atormentam toda a minha família?"

Essa foi a única vez que Ari teve de pensar um pouco antes de responder. Ele fechou os olhos e fez movimentos com as mãos como se estivesse sentindo algo. Um pouco depois percebi que ele estava em transe. Ele estava buscando uma resposta para a minha pergunta!

No final ele disse:

"Não tenho uma resposta para isso. Neste momento só posso dizer o que eu mesmo penso. Acho que essa energia atormenta a sua família para deixar você ainda mais transtornada."

"Bom, e quanto à luz que me dá paz e conforto sempre que a vejo? Ela é o meu anjo, Ari? Você acredita que eu a vejo, não acredita?"

"Para ser bem sincero, eu ainda não tenho respostas claras para algumas das suas perguntas. Mas com certeza eu sei que você vê essa luz."

"Como pode ter certeza?"

"Eu tenho, Stella. Eu não sei a que você está se referindo quando fala de uma luz ou coisa assim, mas, além dessa energia que está tentando enlouquecer você, existe outra que a está protegendo. Se quiser, você pode ver essa luz como o seu anjo protetor. Sim, ela está protegendo você. Pode ter certeza disso."

Quando nossa conversa chegou ao fim, Ari disse que gostaria de me fazer relaxar e de transmitir um pouco de energia. Foi nessa ocasião que conheci o Reiki, que tanto me interessava e despertava a minha curiosidade. Eu fiquei tão relaxada depois da sessão de meia hora que mal conseguia abrir os olhos. Ao perceber isso, Ari pediu que eu não me esforçasse para abri-los e que seria bom se eu dormisse um pouco. Mesmo assim, ainda tentei me manter acordada. Apesar de me sentir leve como um pássaro, eu não conseguia conter as lágrimas.

Quando estava tentando me levantar, vi à minha frente uma linda criança de uns três anos de idade. Não demorei a perceber que se tratava do neto mais velho de Stella, que tinha vindo ao meu encontro.

"Quem é você?", ele perguntou curioso. "Por que está aqui na nossa casa?"

Depois dessa pergunta eu comecei a rir. Acho que, naquele momento, só uma criança seria capaz de me fazer rir.

"Eu sou prima da sua avó", respondi. "Vim aqui para conhecer você. Ela me disse que você é um docinho. Você é mesmo?"

Ele não respondeu. Tinha se voltado para Ari e o olhava com um jeito desafiador. A confiança e desenvoltura da criança combinavam com o seu cabelo louro e a beleza do seu rosto.

Enquanto fazia um carinho na criança, Ari entrou em transe outra vez.

"Este menininho não gosta nem um pouco do seu professor do jardim-de-infância", disse ele. Depois de alguns minutos se voltou para mim. "E é a criança mais insatisfeita da escola por causa disso. Agora veja, vou provar isso." Ari pegou a criança nos braços e disse, "Agora vou lhe perguntar uma coisa. Há dois professores na escola e você gosta muito deles, não gosta?"

"Eu só gosto de um", respondeu o menino. "Odeio o outro."

"Mas você não devia", continuou Ari. "Toda escola tem regras. Você fez uma coisa que o professor não queria que você fizesse. Isso que vo-

• 118 •

cê fez, nenhuma criança pode fazer na escola. Como você não obedeceu, ele ficou bravo com você. Eu não acho que você precise odiá-lo só por causa disso. Ele fez isso para o seu bem."

"Esse professor não fica com a gente o tempo todo", o menininho explicou. "Como eu estava com sede, fui à cozinha e peguei água sozinho. Eu caí da cadeira e ele ficou bravo comigo. Na frente dos meus amigos! Eu odeio esse professor, porque me tratou como um bebê!"

Ari estava olhando para mim com um sorriso, como se dissesse, "Não disse?" Eu não podia esconder o meu espanto. Eu tinha de aprender a não me espantar com tudo o que Ari era capaz de fazer e dizer.

❦

Na primeira semana que passei em Israel, encontrei-me três vezes com Ari. Depois de cada longa conversa que tínhamos, ele me transmitia energia para que eu me sentisse melhor. Na última vez que nos encontramos, ele disse que me protegeria por nove meses. Então disse que eu não precisava ter medo e depois partiu. Para não me esquecer da data que ele me deu, eu a anotei num pedaço de papel e coloquei-o na carteira.

Agora eu estava realmente feliz. Acreditar em Ari e saber que ele nos protegeria durante nove meses foi o que me deu forças. Pelo menos durante nove meses iríamos viver sem medo. Tudo o que eu não queria era pensar no que já tinha se passado e no que provavelmente aconteceria depois desses nove meses!

Depois de retornar a Istambul, voltei a trabalhar sem me permitir nem um dia de descanso. As aulas e meus alunos esperavam por mim, e eu adorava o meu trabalho.

O médico disse que a minha mãe precisava operar a perna, pois ela tinha muita dor no joelho e mal conseguia andar. Depois de uma cirurgia de cinco horas, aproximadamente, ela teria de colocar uma prótese no lugar da rótula.

Embora a minha mãe e a minha irmã tivessem recebido a notícia com tranqüilidade, eu fiquei muito preocupada com a cirurgia. A minha mãe tinha 65 anos e pensar que ela ficaria cinco horas sob o efeito da anestesia me deixava preocupada.

Depois de algumas noites muito difíceis, tudo voltou a ficar bem e a minha mãe começou a se restabelecer depois da cirurgia. Depois de receber alta no hospital ela foi para nossa casa. Nós tiramos tudo da sala de estar e a transformamos num quarto para ela.

Eu tentei passar o maior tempo possível com ela, mas quando tive de recomeçar as minhas aulas, depois da sua convalescença, começaram os problemas. Ela já não podia ficar em casa sozinha. Como não estava acostumada a usar bengala, alguém tinha de ficar com ela o dia todo. Por isso contratamos uma acompanhante para ficar em casa.

Embora isso me deixasse um pouco mais tranqüila, eu sempre saía de casa pensando em minha mãe. Ela passou a ser como uma filha para mim, pois estava sempre querendo a minha atenção e cuidados.

8

Jeffrey era agora um meninão de 13 anos. No seu Bar-mitzvah, a festa de aniversário tradicional judaica, fizemos uma festa para cem pessoas no Pera Palace Hotel. Eu não me cansava de admirar o meu lindo filho. Quando saímos de casa para ir para a festa, eu prometi a ele que não choraria e mantive a minha palavra.

Esse dia foi um dos mais felizes da minha vida. O meu filho estava dando o seu primeiro passo rumo à maturidade. Enquanto contemplava com orgulho o meu filho, lembrei-me da noite em que celebramos o décimo terceiro aniversário do meu primo Hayim. Aquela noite tinha sido tão especial quanto o Bar-mitzvah de Jeffrey. Tão especial que eu nunca esquecerei!

Uma boate foi fechada para a celebração do aniversário de Hayim. A família toda estava em polvorosa. Eu estava extremamente empolgada, pois era a primeira vez que ia a uma casa noturna. Na verdade, foram tantas as coisas que eu vivi naquela noite!

Pela primeira vez na vida eu usei meias de náilon e sapatos apropriados para a minha idade e dancei com o meu querido pai.

Eu achava que eu tinha de estar linda. Queria que todo mundo ficasse com inveja de mim nos braços do meu pai.

E, enfim, a grande noite chegou.

Quando saía de casa, eu me olhei no espelho pela última vez. Gostei muito do meu reflexo no espelho, com cabelos castanhos claros até a cintura e um vestido novo. Eu estava impaciente para chegar lá o mais rápido possível. Será que Hayim notaria que eu estava usando meias de náilon? Quando me lembrei disso um sorriso esboçou-se em meu rosto, mas a importância desse pensamento naquela noite e a empolgação que provocou em mim são coisas que nunca esquecerei.

E quando, por fim, cheguei à boate, o salão estava vazio. A minha mãe disse que tínhamos de chegar mais cedo para ajudar a minha tia. Na verdade, ficar ali sozinha com Hayim foi algo que me agradou. Logo os convidados chegariam e talvez ele não conseguisse passar muito tempo comigo. Isso seria natural, mas eu não queria dividi-lo com mais ninguém.

Quando entramos, Hayim exclamou, com sua expressão doce:

"Stella, você está linda!"

Eu disse que ele também estava muito bonito, mas estava zangada porque ele não tinha feito nenhum comentário sobre as minhas meias de náilon.

O meu amigo de infância Ali também estaria presente nessa noite. Ele era mais velho que Hayim e eu tinha certeza de que ele notaria a diferença em mim. Era inacreditável que uma coisa tão importante para mim só tivesse sido notada pela minha prima e mais ninguém!

Depois que todo mundo chegou, a música e a diversão começaram. A primeira dança foi entre Hayim e a mãe dele, e Stella e o pai dela. Eu fiquei muito emocionada ao ver a cena! Pessoas de uma família que eu amava tanto, todas juntas na pista de dança, compartilhando sua felicidade.

Quando a segunda música começou a tocar, o momento que eu tinha imaginado começou! O meu amado pai pegou-me pela mão e disse:

"Venha, vamos dançar!"

Era como se todo mundo estivesse olhando para nós. Na verdade, não para mim, mas para o meu pai. Pois ele era um homem perfeito e maravilhoso, e eu me orgulhava dele. Depois de dançar um pouco com o meu pai, ele disse:

"Agora é a vez da sua irmã. Você pode continuar dançando com Hayim, querida."

Eu me lembro de que pensei por um momento na minha mãe. Será que ela ficaria sentada a noite toda? Será que o meu pai dançaria com ela, afinal de contas?"

Mais tarde, quando eu estava dançando com Hayim, aproveitei para observar os meus pais. Como eles podiam parecer tão distantes, mesmo estando nos braços um do outro? Parecia que eles estavam apenas cumprindo uma obrigação. Mas eu não queria que nada estragasse aquela noite tão feliz para mim, por isso não demonstrei o meu desapontamento com relação a eles. Não, eu não queria que ninguém me deixasse aborrecida naquela noite. Até Hayim acabou notando as minhas meias de náilon, deixando a minha noite ainda mais perfeita!

Depois de celebrar o aniversário de Jeffrey com toda a família e amigos, demos outra festa em casa. Feita de improviso, essa festa era para os mais jovens e acabou sendo uma surpresa para todos nós. Como pensávamos em sair de férias quando acabassem as aulas, eu não estava pensando em dar uma festa. Mas a banda que contratamos para tocar era tão boa que parecia que tínhamos organizado tudo semanas antes. Havia disc-jockeys, câmeras e Jeffrey fez até um discurso.

Por algum tempo eu só observei os meus filhos extasiada. Os dois tinham crescido muito. A minha filha era agora uma linda adolescente e o meu filho tinha se tornado um belo rapaz.

Bem, e quanto a mim? Eu não tinha ficado mais velha? Apesar de me sentir como uma moça de vinte anos, eu ficava assustada ao ver como o tempo tinha passado depressa.

Apesar da felicidade que eu senti aquela noite, a mescla de sentimentos me surpreendeu. Por que fiquei tão sentimental ao ver a minha filha dançando com um amigo? Por que fiquei tão emocionada quando o meu filho me convidou para dançar? Será que o pensamento "Um dia vou envelhecer, mas nunca ficarei velha!" tinha cruzado a minha mente porque eu tinha medo da velhice?

Será que esse era um tipo de síndrome do envelhecimento? Por que, à medida que eu chegava aos 40, insistia em ficar no meio dos jovens e me sentir como um deles?

Uma semana depois do término das aulas, Selim, as crianças e eu fomos para a EuroDisney, na França. Esse era o maior desejo do meu filho e nós lhe demos esse presente. Depois de umas férias de sonho que duraram quinze dias de pura alegria e contentamento, voltamos para casa e para a nossa realidade.

As férias de verão tinham acabado e nós estávamos nos preparando para voltar à cidade. Durante o verão, como a maioria dos estudantes estava de férias, eu dei poucas aulas, por isso aproveitei e descansei o máximo possível. Eu só ia retomar as aulas quando começassem as aulas dos meus filhos, mas eu não queria encarar esse retorno com desagrado, pois eu adorava o meu trabalho e nunca reclamava de me sentir cansada.

Como a minha mãe só conseguia andar com dificuldade, nós a convencemos a morar conosco definitivamente. Ficamos felizes quando ela aceitou o nosso convite. Eu estava contente de tê-la perto de mim. Em vez de ficar sozinha, ela preferiu conviver com os netos.

Naquele dia eu ia levar o meu filho ao médico. Como ele tinha muitas verrugas pelo corpo todo, nós o levávamos ao médico regularmente. Tínhamos uma consulta com o médico que costumávamos ver duas vezes por ano. Para estar no médico às três horas, precisávamos sair de casa no máximo às duas e meia. Embora Jeffrey e eu sempre chegássemos pontualmente às consultas, aquele dia tivemos muitos contratempos e ficamos realmente atrasados para a consulta.

"Vamos, Jeffrey, temos de correr!", eu disse para o meu filho, que resolveu ir ao banheiro no último minuto.

Num segundo, percebi que a chave do banheiro estava do lado de fora da porta. Quem poderia ter feito aquilo? Quando Jeffrey saiu, percebi que ele não tinha reparado na chave e não falei nada a ele. Coloquei a chave do lado de dentro e fomos para o médico.

Por volta das cinco, voltamos para casa felizes, pois o médico nos tinha garantido que não havia nenhuma alteração nas verrugas. O meu filho tinha pavor de qualquer tipo de cirurgia, por menor que fosse, e ficou aliviado.

Depois de irmos ao supermercado, voltamos para casa cheios de sacolas. Toda vez que eu voltava para casa, eu adorava a cerimônia de boas-vindas que a nossa cadelinha fazia para nós. Nem liguei para as sacolas que eu tinha nas mãos e deixei que Mandy me lambesse até se acalmar. Deixávamos que Mandy fizesse tudo o que ela queria; eu nunca me zangava com ela, pois ela era a princezinha da casa.

Enquanto Jeffrey ia para o quarto, depois de ser liberado por Mandy, eu comecei a preparar o jantar na cozinha. Como eu queria tomar um banho antes que Selim chegasse, queria fazer tudo rapidamente. Na verdade, mesmo que eu corresse, sabia que não iria dar tempo de tomar banho antes que todos chegassem em casa. A minha irmã tinha levado a minha mãe ao médico e alguns minutos antes ela me dissera que, como era tarde, ela levaria mamãe e a acompanhante de táxi. Pediu então que eu as aguardasse na porta de casa. A minha mãe não conseguia andar sem ajuda e a minha filha não estava em casa, pois estava dando aula ao filho do vizinho.

Justamente quando eu pensava o quanto seria bom se Jessica chegasse para buscar a avó na porta de casa, ela chegou para me salvar. Depois de beijá-la, pedi a ela que descesse e aguardasse a avó. Enquanto isso eu fui ao banheiro tomar banho, sabendo que tudo estava sob controle.

Quando coloquei a mão na maçaneta da porta do banheiro, reparei que a chave estava outra vez para fora. A repetição desse incidente, ao qual eu não tinha dado muita importância antes, começava a me deixar apavorada. Tirei a chave da fechadura, coloquei-a do lado certo e pensei, "Eu preciso ter calma". Eu sabia que não conseguiria. Eu estava desnecessariamente tensa.

Por um instante, achei que a acompanhante da minha mãe poderia ter feito aquilo, mas era bem improvável. Por que ela colocaria a chave do lado de fora? Mesmo assim eu perguntaria a ela. Eu não faria nada antes de fazer essa pergunta a ela.

Quando a minha mãe e a acompanhante voltaram para casa, a primeira coisa que fiz foi perguntar sobre a chave.

"Hoje eu limpei todas as portas do andar de baixo", ela disse. "Mas não me lembro, talvez tenha mexido na chave por engano."

Eu ainda não sabia por que estava tão tensa, mesmo depois de ouvir a resposta que supostamente me deixaria mais calma. Acho que eu tinha medo de ouvir uma resposta negativa e o meu cérebro ainda não tinha processado o que ela dissera. Fiquei com receio de voltar a viver as mesmas experiências ruins do passado e agora, apesar de saber que não era esse o caso, eu estava com dificuldade para voltar à razão.

Era como se um vulcão dentro de mim estivesse prestes a entrar em erupção. Eu estava procurando alguém para descarregar a raiva e estava respondendo mal a todo mundo. Tudo o que eu vivia tinha deixado meus nervos em frangalhos. Não importava o quanto eu procurasse manter o meu moral alto, eu sempre me dava por vencida.

A Stella que estava sempre mais feliz, sorridente e jovial que os próprios filhos não estava mais ali.

Selim chegou em casa molhado por causa da chuva forte. Na verdade, ele estava ensopado. Apesar disso, entrou com um sorriso no rosto e, é claro, esperava de mim a mesma disposição. Ele estava acostumado a ser recepcionado na porta de casa com um caloroso abraço.

No entanto, eu não estava com disposição para fazer nada disso. E estava tratando o meu marido como se ele fosse culpado disso. Na verdade, eu não conseguia entender por que eu estava agindo daquele modo. Apesar do meu mau humor, Selim não se deixou abalar e me disse:

"Você está cansada e tensa, querida, vá descansar um pouco se quiser."

Dessa vez eu não respondi com rispidez. Eu estava sendo caprichosa com ele, como se não soubesse dos problemas que enfrentava no escritório nem me importasse com ele. Na realidade, não era eu que estava fazendo isso, mas o diabo que havia dentro de mim: "Continue a aborrecê-lo, faça-o sofrer!" Era isso o que ele me instruía a fazer!

Nessa noite, pela primeira vez em dezenove anos de casados, eu consegui tirar Selim do sério.

Quando ele disse, "Quero ficar um pouco sozinho. Vou dar uma volta de carro", foi como se tivesse me dado um tapa na cara.

Selim saiu de casa e era tudo culpa minha! Eu não conseguia me perdoar por isso e, o que era pior, não estava conseguindo me reconhecer!

Não consegui dizer a ele, "Não, por favor, não saia". Talvez fosse melhor ele sair, pois nós dois precisávamos ficar sozinhos e nos acalmar. Quando ele voltasse, eu queria recebê-lo com um sorriso, como se nada tivesse acontecido e ele estivesse voltando do trabalho.

Fui até a janela da frente da sala. Eu queria ver se ele estava calmo ao entrar no carro. Eu fiquei assustada porque estava chovendo muito.

Eu rezava para que a raiva que ele estava sentindo não causasse nenhum acidente, mas mesmo assim não tinha conseguido pedir para que ele não saísse.

"Mamãe, e se papai não voltar esta noite?", Jessica perguntou.

Em vez de ouvir a minha filha fazendo essa pergunta aos prantos, eu preferia ter morrido mil vezes.

"E se papai não voltar?"

Essas palavras me lembraram de uma experiência que eu mesma tivera na idade dela.

Era domingo. Eu tinha acordado tarde e ido ao banheiro para me arrumar. Eu estava lavando o cabelo sem saber o que faria nesse dia, quando a minha mãe entrou correndo.

"O seu pai vai embora de casa", ela disse gritando. "Corra, não deixe que ele faça isso!"

Por um momento, eu congelei, sem saber o que fazer. O meu cabelo estava cheio de espuma e eu tinha de ir atrás do meu pai. Se eu demorasse muito, não conseguiria alcançá-lo. Não me lembro como me vesti, sem nem secar o cabelo, e saí de casa. A única coisa de que me lembro é da minha mãe me passando um chapéu.

Nós morávamos no terceiro andar, mas eu não tinha tempo para esperar o elevador. Desci a escada pulando três ou cinco degraus por vezes e tentando segurar o chapéu ao mesmo tempo. Apostando que o meu pai tinha deixado o carro no estacionamento da rua ao lado, corri direto para lá.

Por que o meu rosto estava tão molhado? Era a chuva forte ou as lágrimas que escorriam dos meus olhos? Eu tinha vontade de gritar "Que culpa eu tenho?" Assim que cheguei no portão do estacionamento, vi o meu pai dentro do carro, prestes a sair do estacionamento. Quando percebi que ele não tinha me visto, abri a porta do carro em movimento e gritei:

"Pai! Por favor, não vá!"

O jeito como ele me olhou ao frear ainda está vivo na minha memória.

"Meu bem, o que está fazendo aqui?"

Eu não disse a ele que estava ali porque a minha mãe tinha mandado. Eu tinha certeza de que ele ficaria muito zangado se eu contasse.

"Eu saí do banheiro e percebi que você estava indo embora com raiva", eu disse a ele. "Foi por isso que eu vim. Por favor, eu imploro, não vá embora, pai!" Eu nem conseguia falar direito.

"Querida, você está preocupada e aborrecida por nada", ele respondeu. "Eu só saí de casa para arejar a cabeça. Volto mais tarde."

Eu não sabia se ele tinha dito aquilo só para não me deixar mais aborrecida ou porque realmente planejava voltar para casa. Mas o mais importante era que eu tinha conseguido alcançá-lo dessa vez. Pelo menos eu sabia que não ficaria esperando o meu pai na janela, desolada, e não sentiria saudade dele, com sempre acontecia.

Nesse dia, o meu pai esperou até que eu secasse o cabelo e me levou a um restaurante. Foi nessa ocasião que, pela primeira vez, conversamos abertamente sobre o casamento infeliz de meus pais.

"Sabe, querida", ele disse, "na realidade, eu gostaria de falar com você sobre a sua mãe. Mas deixá-la no estado em que eu a deixei hoje me causou muita dor. É por isso que eu quero adiar essa conversa para um outro dia. O que você acha?"

"Você quer se separar da mamãe?", perguntei.

Mesmo sem querer falar, as palavras jorraram da minha boca. Por alguma razão, eu me sentia forte e achei melhor aceitar a realidade de uma vez por todas em vez de viver com todos aqueles medos.

"Ouça, Stella, faz muitos anos que o casamento com sua mãe se tornou insuportável. Eu já queria me separar dela antes de você nascer, mas o meu falecido pai me proibiu. Toda vez que eu tentava me separar, ele fazia alguma coisa para me impedir. E então você veio ao mundo."

"Nesse caso, por que, papai? Por que você esperou até que eu nascesse? Por que não se contentou em ter só a minha irmã? Será que eu tinha de vir em meio a todo esse sofrimento?"

Acho que essa foi a minha primeira atitude rebelde com relação ao meu pai.

"Você está certa, querida", ele respondeu. "A sua mãe e eu fomos muito injustos com você. Eu sei o quanto você está sofrendo e só por isso eu não me perdôo. Mas, acredite, eu tenho esperança de que tudo melhore um dia. Eu só não tenho forças para suportar mais. A sua mãe é uma pessoa muito boa, mas temos personalidades muito diferentes. Simplesmente não nos damos bem. E eu quero ser feliz daqui para a frente. Eu não tenho esse direito?"

Eu não sabia o que dizer. Claro que ele tinha direito de ser feliz. Bem, mas e quanto a mim? O que ia acontecer comigo?

Talvez por ser a primeira separação da minha vida, isso me deixava triste. Eu só não sabia que essa não seria a última. Eu só estava pensando em mim mesma. Só não sabia que, anos depois, eu estaria na mesma situação que o meu pai, com a diferença de que eu talvez não tivesse nem oportunidade de conversar com a minha filha.

"Bem, o que vai acontecer comigo, pai?"

Eu não poderia perguntar isso a ele; não poderia, porque havia muitas cenas de separação passando pela minha cabeça e a coisa toda mais me parecia uma tragédia em que eu fazia o papel da mocinha triste!

Eu sabia que não poderia vê-lo toda noite se eles se separassem e não queria nem pensar em como seria a vida sem ele. No entanto, eu sentia que o meu pai esperava que eu o ajudasse a tomar uma decisão. Ele ficaria se eu dissesse que o ajudaria e iria embora se eu dissesse o contrário.

Como a minha irmã já tinha a sua própria vida, ele só estava preocupado comigo, e eu, egoísta, pensava só em mim mesma. Eu não devia ter feito aquilo. Se amor significa sacrifício, eu também tinha de me sacrificar pelo meu pai. Em vez de vê-lo vivendo infeliz em casa, eu preferia que ele ficasse longe de mim, mas feliz.

E o que dizer da minha mãe?... O que ela faria nessa situação? Será que sofreria muito se eles se separassem? Eu também estava triste por ela. Na verdade, mamãe era uma pessoa maravilhosa. Ela costumava correr para ajudar todo mundo e não suportava ver ninguém sofrendo. Mas, por causa do seu temperamento forte, ela não tinha sido o tipo de esposa que o meu pai queria. E, infelizmente, nós tínhamos de pagar por isso.

Enquanto todos esses pensamentos rodopiavam na minha cabeça, o meu pai esperava quieto e pacientemente, sem querer me apressar. Eu agora sabia a resposta e achei que deveria dizer a ele sem fazê-lo esperar mais.

"Pai!"

Eu não conseguia falar. As lágrimas toldavam a minha visão e eu sentia um nó na garganta que me impedia de exprimir meus sentimentos e pensamentos.

"Tudo bem, querida, não precisa chorar", o meu pai disse. "Eu lhe prometo que não vou me divorciar da sua mãe."

"Não, pai, não era isso o que eu queria lhe dizer. Pode ter certeza, eu entendo você. E, seja da maneira que for, eu quero que seja feliz. Se quer se separar da mamãe..."

"Olhe", ele continuou sem me deixar terminar. "Você só tem 15 anos, mas quando converso com você eu me sinto tão à vontade como se estivesse com uma amiga de 40. Você é minha amiga. Saber que você me ama tanto e me entende é a minha única recompensa nestes dias difíceis. Não importa o quanto eu me orgulhe de ter uma filha como você, isso não basta. E eu decidi não deixar mais a minha filhinha angustiada; vou ficar com ela o tempo todo."

"Bom, tudo bem, pai, mas e a sua felicidade?"

"A sua irmã e você bastam para mim, querida."

E se o papai não voltar?

Seria eu o tipo de mãe que deixa os filhos viverem com medo? Como eu podia fazer isso com eles depois de ter vivido com medo durante toda a minha vida? Será que eu não tinha mais coração? Eu estava amaldiçoando a mim mesma!

"Perdoe a sua mãe, minha querida, por favor!", eu disse à minha amada Jessica. "Eu não entendo por que nem como eu pude fazer isso. Eu prometo, meu amor, que o seu pai vai voltar para casa e eu vou me desculpar, mas prometa que não vai ficar com medo."

Eu fui para o meu quarto, deitei-me na cama e rezei entre lágrimas para que o meu marido voltasse o mais rápido possível.

Selim voltou uma hora depois. Quando ouvi o barulho do elevador, o meu coração disparou. Era a primeira vez que ele ficava tão magoado.

Eu me perguntava se ele já havia tido tempo para se acalmar.

Quando ele entrasse, será que perceberia, ao olhar para mim, o quanto eu estava arrependida?

Será que ele conseguiria me perdoar ao olhar nos meus olhos?

Eu não tinha nem tempo nem paciência para esperar pela resposta. Eu queria abraçá-lo e dizer o quanto eu sentia por tudo o que havia acontecido. Eu sabia que isso seria muito melhor do que meras palavras.

A reação calorosa do meu marido e o brilho de felicidade no olhar das crianças não foi suficiente para impedir que eu tivesse uma noite ruim.

Passei a noite toda tendo pesadelos e acordando a cada vez com ímpeto de gritar. Durante esses pesadelos, eu me via sempre na mesma situação: eu, num cômodo escuro. Um cômodo quente e abafado como um calabouço.

Eu acordava ouvindo gritos de: "Acendam a luz, eu tenho medo do escuro!" e depois voltava a mergulhar no mesmo sonho: eu, sentada no chão, totalmente nua e tremendo de frio. Enquanto eu gritava, tentando fazer com que alguém me ouvisse, havia insetos saindo da minha boca. Eu estava vomitando insetos.

Acordei com uma sensação de umidade no rosto. Mandy estava me lambendo. Acho que ela tinha percebido o quanto eu me sentia mal. Enquanto me lambia, ela fitava o meu rosto com os seus olhos de gazela, como que para ter certeza de que eu estava mesmo acordada.

Os animais têm um jeito todo especial de acalmar a gente.

Para diminuir os efeitos dos pesadelos, eu liguei a televisão. Eu estava totalmente acordada. E tinha medo até de fechar os olhos! Eu não queria ficar no escuro. Queria a luz do sol o tempo todo.

Angustiada, comecei a entrar em pânico ao pensar no que aconteceria se houvesse um apagão na cidade. Tudo estava dando tão errado que eu não me surpreenderia se isso acontecesse. Só para me sentir melhor, eu fui até a cozinha e peguei algumas velas e uma caixa de fósforos. Agora eu estava mais tranqüila. Quando me deitei no sofá, Mandy deitou-se ao meu lado. Eu sabia que relaxaria enquanto acariciava o seu pêlo. Ela era o meu melhor remédio.

Não consegui dormir até a manhã seguinte. Depois que Selim saiu para trabalhar e as crianças foram para a escola, eu comecei a fazer as tarefas domésticas. Como eu não demoraria a sair, só fiz uma limpeza superficial na casa, tirando o pó apenas dos lugares mais visíveis.

Eu só tinha meia hora para tomar banho e sair de casa. Agora eu tinha de me apressar. Depois de tirar a roupa em meu quarto e vestir um robe, fui para o banheiro. Eu adoraria poder tomar um demorado banho de banheira, mas não tinha tempo para esse luxo. Eu precisava tomar uma chuveirada rápida e sair depressa do banheiro. Tentei abrir a porta, mas ela não abriu. Estava trancada por fora. Será que estava acontecendo outra vez? Quem teria trancado a porta e me deixado presa ali dentro?

Reunindo todas as minhas forças e correndo o risco de pô-la abaixo, tentei abrir a porta. A maçaneta estava quase quebrando, mas a porta não se abria!

Comecei a gritar. O quarto da empregada ficava no andar de cima e ela não me ouviria. O quarto da minha mãe ficava perto do banheiro, mas ela não conseguia andar sozinha, então não tinha como me ajudar.

Mandy latia como louca, tentando me resgatar. Só não perdi a cabeça porque sabia que ela estava do outro lado da porta. Mas ninguém vinha me tirar dali!

Por um momento ouvi a voz da minha mãe, mas ela não conseguia entender direito o que estava acontecendo.

"O que há de errado com você, Stella? Por que está gritando?", ela perguntou.

Eu já não sabia o que fazer. Simplesmente não conseguia me acalmar e recuperar o controle.

Sentei-me no chão. Desisti. Não gritei mais, porque já não conseguia. Por um segundo, pensei que ia desmaiar. Se eu lavasse o rosto, talvez me sentisse melhor, mas não conseguia nem me levantar. Nesse momento, quando pensei que já não tinha forças, vi o meu anjo sobre o ombro.

Eu não sentia mais medo. Com o meu anjo ao meu lado, nada de ruim poderia acontecer.

"Não vá embora desta vez", disse a ele mentalmente. "Preciso muito de você. Por favor, não vá, não desta vez."

Agora eu sentia paz e contentamento. Eu estava tão tranqüila que disse a minha mãe que não havia nada a temer. Logo alguém viria abrir a porta. Eu estava mais tranqüila agora por ter conseguido acalmá-la.

Vinte minutos depois, ouvi os passos da acompanhante da minha mãe descendo as escadas. A minha prisão havia chegado ao fim!

Depois de sair do banheiro, peguei Mandy, que não tinha saído da porta do banheiro nem por um segundo, e entrei no quarto da minha mãe. Ela estava transtornada com o medo que sentira em minha voz.

"Eu ouvi os gritos, mas não tinha como ajudar você!", ela disse me abraçando e me dando um beijo. Achei que ela nunca tinha sentido tanto o fato de não poder andar.

A primeira coisa que fiz foi telefonar para Ari. Eu queria contar a ele sobre o caso da chave, mas o telefone celular não atendia. Tentei falar com ele até as dez da noite, mas em vão.

Quando acordei na manhã seguinte, decidi, num impulso, cancelar todas as minhas aulas daquele dia. Isso era algo que eu sempre evitava fazer e seria uma exceção. Eu queria ficar em casa o dia todo e apenas relaxar. Eu não estava em condições de dar aulas. E tinha esperança de poder falar com Ari.

Depois do café da manhã, subi e me deitei um pouco no meu quarto, em vez de arrumar os quartos das crianças. Eu queria assistir à TV no meu quarto e simplesmente relaxar. No entanto, parecia que os espíritos tinham outros planos para mim!

A primeira surpresa do dia foi um inseto asqueroso andando ao lado da minha cama! Tirei quase tudo do quarto, tentando matá-lo, mas ele corria feito louco!

Estávamos agora no corredor. Eu estava com medo de perdê-lo de vista, para depois vê-lo reaparecer em outro lugar. Joguei a minha sandália nele com toda força. Depois de várias tentativas, finalmente consegui matá-lo.

Tentei falar com Ari várias vezes, mas não consegui. O celular estava desligado ou sem bateria.

Fui para a cozinha lavar a louça do café da manhã. O meu estado de espírito não era dos melhores. Eu queria ficar em casa para relaxar e agora estava morrendo de vontade de ir para a rua, como se estivesse querendo fugir de alguma coisa. O lugar agora me sufocava.

Enquanto pensava aonde poderia ir, lembrei-me de minha irmã. Não nos víamos havia algum tempo. Além disso, ela estava sempre reclamando que eu não dava notícias. Decidi fazer-lhe uma visita depois de arrumar a cozinha.

Acho que Mandy tinha percebido que eu ia sair, pois parecia muito agitada. Pela primeira vez eu a ouvi ganindo. Enquanto eu lavava louça, ela ficou chorando ao meu lado, pedindo que eu a pegasse no colo. Como eu não conseguia vê-la daquele jeito, peguei-a no colo achando que ela poderia estar doente, pois ainda choramingava.

Por um momento achei que deveria ligar para o veterinário. Não queria sair de casa sem ter certeza de que ela estava bem.

Fiquei sem ação quando soube que o veterinário estava ocupado numa cirurgia e que eu teria de ligar algumas horas depois. Pensei em dar a ela uma dose infantil de aspirina ou algum tipo de remédio para dor. Eu não conseguia entender por que Mandy parecia tão inquieta, mesmo estando em meu colo.

Ao mesmo tempo em que a abraçava forte e acariciava o seu pêlo, eu olhava para a janela da minha vizinha Janet. Ela costumava abrir a janela da cozinha para que eu soubesse que estava acordada. Essa era a mensagem entre nós. Antes de sair, eu tinha de dar a ela a receita de um prato chinês que eu tinha prometido na noite anterior.

Quando já estava desistindo de esperar que ela abrisse a janela, dei uma última olhada e vi uma sombra refletida na janela. A princípio não consegui entender o que era. A sombra estava parada. Não dava para saber se ela era de algo que estava na casa de Janet ou atrás de mim. Então me virei de repente. Foi nesse momento que vi algo se esgueirando pelo corredor e seguindo na direção do meu quarto.

Eu estava quase em pânico quando cheguei perto da porta da cozinha e dei uma olhada nessa direção. Vi uma espécie de massa enevoada deslizando para dentro do meu quarto. Eu pensei que ia morrer de medo. Como a minha mãe e a acompanhante estavam dormindo, não havia ninguém para quem eu pudesse pedir ajuda, nem poderia correr para fora.

Depois de soltar Mandy na cozinha, fechei a porta para que ela não pudesse sair. Como eu não sabia o que aconteceria comigo, queria que pelo menos ela ficasse a salvo.

Então reuni toda a minha coragem e segui para o quarto bem devagar. A porta estava completamente aberta. Sem entrar no quarto, procurei com os olhos aquela coisa esbranquiçada e a divisei na cabeceira da cama, descendo na direção do meu travesseiro. As minhas unhas estavam enterradas na palma das mãos e a respiração, suspensa. Fiquei parada ali, assombrada. Depois de alguns segundos, não vi mais nada!

Eu me sentia vazia e entorpecida. Quanto tempo mais eu iria agüentar tudo aquilo? Era possível viver uma vida assim?

A primeira coisa que fiz foi procurar um papel que eu tinha guardado na carteira. Nesse papel estava a informação que eu queria. Ele ia me dizer quanto tempo me restava até que eu voltasse a viver dias cheios de medo. Talvez esse papel me reservasse más notícias.

No papel estava a data que, segundo Ari, ele estaria nos protegendo.

Isso mesmo, assim como eu pensava, nove meses já tinham se passado e o período que Ari havia mencionado já tinha se esgotado.

Eu definitivamente precisava que Ari nos protegesse por mais nove meses!

9

Fiquei muito surpresa quando Füsun se ofereceu para trazer o seu cachorro para cruzar com Mandy. Nós tínhamos nos conhecido por coincidência, porque ela tinha gostado muito da minha cachorrinha. Mandy só tinha dois anos de idade e eu não sabia se era uma idade apropriada para que ela tivesse filhotes. Quando o veterinário deu carta branca, aceitei a oferta de Füsun.

Eu queria mesmo que Mandy fosse mãe, para que ela também pudesse sentir esse sentimento maravilhoso. Essa decisão foi uma das mais belas e corretas da minha vida. Acima de tudo isso, conhecer alguém como Füsun e ter uma amiga como ela era, de fato, uma grande oportunidade para mim.

Füsun passou a ser como uma irmã para mim. Sempre que estava entediada ou com algum problema, eu podia ligar para ela a hora que fosse e dizer, "Venha agora! Preciso de você!" Ela era realmente uma grande amiga com quem eu sempre podia contar. E eu adorava o seu otimismo e o seu estilo extravagante. A minha vida seria muito monótona se ela não existisse.

Sua exuberante irmã Nilay era como se fosse minha filha. E agora que Mandy e Dusty tinham cruzado, nós éramos como uma família.

No dia 28 de julho, Mandy se tornou mamãe. Ela teve quatro filhotes lindos e saudáveis. Dois deles eram a cara de Mandy. Eram branquinhos e tinham manchas marrons. Eram tão lindos quanto a mãe. Um deles era preto como o pai. Como tinha nascido por último, nós o chamávamos de *kazandibi*, que significa algo como "raspa do tacho".

O quarto filhote era totalmente diferente. Ele era um belíssimo filhote de cor champanhe, com uma mancha branca no rabo. Eu nunca me esquecerei daquele maravilhoso verão que passamos com Mandy e os seus quatro filhotes.

Eu sofria só de pensar em doar todos os filhotes depois do verão. Se eu pudesse, ficaria com todos eles. Como não era possível, Selim e as crianças decidiram ficar com o filhote preto, que se parecia com Dusty. Chamamos essa cadelinha adorável de Blacky e ela se tornou o segundo motivo de alegria da casa.

No final do verão, quando voltamos para a cidade, eu decidi suspender as minhas aulas por uma semana, para fazer uma faxina na casa e algumas arrumações. Na verdade, eu sabia que três dias seriam suficientes, mas não tinha nenhuma pressa de reiniciar o meu costumeiro programa de inverno, depois de um descanso de três meses.

Como eu estava acostumada a fazer esse tipo de arrumação, só levei um dia para colocar no lugar todas as coisas que havíamos trazido da ilha. No dia seguinte, eu me pus a fazer alguns pequenos afazeres domésticos. Agora eu tinha cinco dias inteiros pela frente para descansar e ficar sem fazer nada.

As aulas dos meus filhos recomeçaram e eu fiz um programa diferente a cada dia. Como eu não tinha visitado a minha irmã e as minhas sobrinhas durante o verão, reservei bastante tempo para elas.

Nessa manhã, eu ia me encontrar com Füsun e almoçar com a minha irmã.

Quando Füsun me avisou que ela e Dusty estavam me esperando lá embaixo, eu ainda não estava pronta. Para não fazê-los esperar, tive de me apressar. Então decidimos ir ao parque Yildiz.

Estava um dia lindo lá fora e eu estava com o ânimo perfeito para passar um grande dia ao ar livre. A pequena Blacky estava no meu colo e eu tentava pôr a coleira em Mandy. Assim que me despedi da minha mãe, senti a presença do meu anjo no ombro. Essa chegada inesperada do meu anjo, que só costumava aparecer quando eu tinha problemas e precisava de ajuda, acabou com a minha disposição. Por que o meu anjo tinha aparecido justamente quando tudo ia bem? Que notícias ele estava tentando me dar? Por que estava novamente tentando me proteger?

Eu olhei para o meu ombro e vi aquela luzinha encantadora – o meu anjo protetor que sempre me trazia paz e contentamento. Dessa vez ela não desapareceu tão rápido quanto das outras vezes, o que me deixou ainda mais inquieta. O que ia acontecer? O que ela estava tentando me avisar?

Eu tinha de sair de casa o mais rápido possível; tudo o que eu queria era correr para fora e não testemunhar o que aconteceria. Mas e a minha mãe e a acompanhante? Como eu poderia sair e deixá-las ali? Para ter certeza de que tudo ficaria bem, eu precisava ficar em casa mais um pouco. Mas o meu anjo desapareceu bem na hora em que Füsun subiu, cheia de pressa.

Füsun ralhou comigo, "Ah, corri tanto para encontrar esse seu anjo e ele já foi embora?" Na verdade, ela estava tentando melhorar o meu humor, arejar meus pensamentos e me deixar mais feliz. Eu sabia.

Íamos tomar uma xícara de café e depois sair. Eu queria ficar um pouco mais em casa, pois estava sentindo uma angústia que teimava em não ir embora. Por que o meu anjo tinha entrado em cena?

Depois de pedir a Füsun para fazer o café, comecei a percorrer todos os cômodos, um por um. Enquanto andava pela casa bem devagar, eu também procurava aquele inseto asqueroso. Não consegui encontrar nenhum, mas tinha certeza de que ele devia estar em algum lugar. Eu tinha de encontrá-lo e matá-lo. Sim, eu tinha de matá-lo, mas como evitaria o que estava prestes a acontecer?

Primeiro entrei no quarto da minha mãe. Antes de mais nada, eu queria ter certeza de que ela estava bem. Embora já estivéssemos no meio da manhã, ela ainda estava na cama, pois não dormia bem à noite e costumava ficar a maior parte da manhã na cama, até a hora do almoço. O seu semblante tranqüilo me deixou aliviada. Em seguida eu verifiquei os quartos das crianças e depois o meu.

Tudo parecia em ordem. Não vi nenhum inseto andando pela casa. Agora eu já estava me sentindo bem melhor.

"Desta vez, não vai acontecer nada", pensei. "O meu anjo deve ter aparecido por outro motivo."

"Venha, não espere até o café esfriar", gritou Füsun, da sala de estar.

Füsun estava com Blacky no colo e acariciava Mandy, enquanto dizia, "A minha linda nora!" Mas como eu estava com pressa para percorrer a casa toda, não tinha tido nem tempo de agradar Dusty.

Quando estávamos tomando café na sala, eu ouvi uma voz dentro de mim gritando, "Mãe!" Instantaneamente me levantei. Era como se Jeffrey estivesse me chamando. Quando me levantei, achei que estava sendo ridícula e me sentei novamente. É claro que não havia voz nenhuma me chamando, era só impressão.

Bem, o que eu poderia pensar depois de ouvir essa voz tantas e tantas vezes? Que faria outra vez um papel ridículo? Que não estava ouvindo nenhuma voz de criança me chamando, como se estivesse pedindo ajuda?

Achei que fosse ficar louca!

"Vamos, Füsun!", eu disse quase gritando. "Vamos sair logo desta casa!"

Quando chegamos no parque Yildiz, eu já estava me sentindo um pouco melhor. O ar fresco e puro e o calor do sol me fizeram bem. Sentamos numa mesa e Füsun fez o pedido ao garçom. Enquanto isso, meus olhos pararam numas roseiras que havia bem na nossa frente. Aquelas rosas vermelhas, que milhares de pessoas admirariam pela beleza, deixaram-me tensa outra vez, bem no momento em que eu estava começando a relaxar.

Eu detestava rosas! Rosas vermelhas, que simbolizavam o amor, tinham aparecido regularmente na minha casa durante anos e, em mim, só provocavam medo e repulsa. Eu não suportava nem vê-las!

Quando voltávamos para casa, o sentimento de angústia que ainda fervilhava dentro de mim veio à tona em forma de medo. Eu tinha o pressentimento de que algo ia acontecer. Sim, algo ia acontecer, porque o meu anjo não aparecia sem motivo.

No caminho eu rezava: "O que quer que aconteça que só atinja a mim e não à minha família!"

Embora eu nunca tenha gostado de andar com chaves no bolso, não senti que deveria tocar a campainha. Era como se eu tivesse de ficar bem quieta, sem perturbar ninguém, ao entrar em casa. Ali dentro, a atmosfera era de profundo silêncio. A minha mãe ainda devia estar dormindo e a crianças, fazendo o dever de casa. Antes de subir as escadas, fui ver a minha mãe. Como eu pensava, ela estava dormindo, enquanto a acompanhante assistia à TV na saleta.

Quando eu ia subir para os quartos das crianças, vi um inseto nojento na parede, perto do teto. Eu não estava errada, o mensageiro do desastre já havia chegado!

Agora eu já estava seguindo direto para as escadas, não andando, mas correndo! Eu não ouvia nenhum barulho vindo dos quartos das crianças e isso me deixava ainda mais preocupada. Será que algo tinha acontecido? Por que elas estavam tão quietas? Eu cheguei no quarto do meu filho sem fôlego. Abri a porta e entrei de supetão. O pânico estampado em meu rosto assustou Jeffrey.

"O que foi, mãe? O que há com você?"

Eu não sabia o que dizer ao meu filho, nem como explicar o meu comportamento.

"Não é nada, querido", foi tudo o que consegui dizer.

Então corri para o quarto da minha filha. Quando ia abrir a porta, ouvi um barulho estranho de choro. Ela não estava chorando; era diferente! Eu não queria nem pensar no que veria ao entrar no quarto.

Quando entrei no quarto com a esperança de que ela estivesse dormindo, a cena que vi foi tão pavorosa que roubou alguns anos da minha vida!

A minha Jessica estava sentada na cama, gemendo, enquanto sua cabeça era atirada com violência de um lado para o outro. O que era aquilo? O que estava acontecendo com a minha filha? Senti o sangue congelar nas veias. Quando eu a envolvi em meus braços com força, ainda estava tremendo com os seus gritos.

"Mãe, estão me batendo!"

Ver Jessica daquele jeito foi a pior experiência de toda a minha vida. Enquanto eu a abraçava e fazia tudo para consolá-la, também tentava falar com Ari pelo telefone. Eu estava realmente desesperada. Era incapaz de proteger os meus filhos e evitar qualquer perigo que pudesse acontecer a eles, e isso estava me enlouquecendo. Como eu podia lutar contra uma criatura que não existia? Como podia destruir essa energia que eu não podia ver nem tocar?

Só Ari podia me ajudar. E eu estava disposta a aceitar essa ajuda, mesmo que fosse apenas por alguns meses!

Já fazia três anos que Ari fazia parte das nossas vidas. Três longos anos feitos de períodos bons e períodos difíceis.

Ari estava cuidando de nós assim como fizera desde o primeiro dia e isso nos deixava mais tranqüilos. Enquanto ele estava nos protegendo, eu sentia que nada de ruim podia cruzar o nosso caminho. No entanto, eu não sabia que até mesmo isso um dia chegaria ao fim!

Durante os três anos anteriores, muitas coisas ruins tinham acontecido na minha vida. Uma das coisas que perdi foi o bridge, ao qual eu havia dedicado tantos anos! A loja de camas que Selim tinha aberto quatro anos antes infelizmente não tinha dado certo e nós acabamos perdendo muito dinheiro. Por causa disso, em dois meses, tivemos de vender a casa na ilha Burgaz, para pagar as dívidas, e depois a nossa casa em Levent, que eu tinha comprado para satisfazer a vontade do meu pai.

A loja de camas nos deixou arruinados. A loja fechou, mas as camas ficaram. Selim insistiu em continuar no negócio e continuou esperançoso. Felizmente, quando ele recebeu uma oferta de emprego para trabalhar como subgerente-geral, eu decidi resolver a situação. Desisti das minhas aulas e assumi a gerência da loja. O meu objetivo era acabar com o estoque da maneira que fosse possível e fechar as portas. Selim passou a direção da loja para mim e começou no seu novo trabalho.

Decorrido um ano, eu só tinha conseguido vender uma parte do estoque, mas, para não perder mais dinheiro ainda, fechei a loja. Nessa época, eu não podia mais dar aulas de bridge. Tinha perdido todos os meus alunos. Como já existiam muitos clubes de bridge e os alunos preferiam ter aulas em casa, e não no clube, eu não tinha escolha.

Por outro lado, os meus filhos fizeram muitos progressos nesses três anos.

Jeffrey estava com 18 anos, cursando o terceiro ano do colegial e se preparando para ir para a universidade. Ele tinha emprestado o violão do pai quando era menino e, ao longo dos anos, esse instrumento passou a ser uma parte integrante da sua vida. Comprando livros de música com o dinheiro que economizava, ele conseguiu chegar a um grau bem avançado no violão.

As dezenas de poemas que ele tinha escrito nesses anos eram realmente muito bons. Um amigo dele poeta chegou até a dizer que Jeffrey devia reunir todos esses poemas num livro, pois eles mereciam ser publicados. Jeffrey, no entanto, não deu atenção ao amigo e simplesmente engavetou os poemas.

Ele estava decidido a entrar na faculdade de filosofia, apesar de tudo, e estudava para os exames depois de terminar os seus exercícios de violão. Como sempre, eu confiava totalmente no meu filho e sabia que ele seria um dedicado aluno de filosofia.

A minha linda filha Jessica, com 20 anos de idade, tornara-se uma jovem maravilhosa. O interesse que demonstrava desde a infância pela comunicação já tinha determinado a carreira que seguiria. O seu maior sonho era ser produtora. Ela já tinha entrado na faculdade de comunicação e cursava o segundo ano.

O primeiro – e, eu esperava, o último – e verdadeiro amor de Jessica, era Lemmy. Eu não tenho palavras para descrever esse rapaz maravilhoso, que passou a freqüentar regularmente a nossa casa. Antes de começarem a namorar, ele havia se tornado um grande amigo e confidente de Jessica.

Lemmy, que eu considerava como um filho, era para nós uma fonte de alegria, pois era o menino peralta da casa. Eu sempre admirei a sua maturidade sob o jeitinho travesso e infantil, que ele não sabia esconder muito bem. Sempre que eu tinha um problema, ele estava por perto com o seu jeito carinhoso e suas boas idéias, provando que sua mãe tinha muita sorte de ter um filho como ele.

Depois de fechar a loja de camas, eu passei a confeccionar camisas com uma amiga. Depois de um ano, recebi uma proposta de emprego irrecusável, que eu aceitei sem pensar duas vezes.

Tina, uma amiga minha e a melhor amiga da minha sobrinha, convidou-me para trabalhar com ela na sua loja de roupas infantis, inaugurada pouco tempo antes. Tina era uma menina muito meiga e eu sabia que nos daríamos bem. O respeito e o carinho que tinha por mim e o costume de me tratar como se eu fosse a sua chefe, quando um cliente entrava na loja, provavam que ela era realmente uma pessoa gentil e bem-educada. Evidentemente, eu trabalhava como se a loja fosse minha e, quando o movimento diminuía, eu ficava tão aborrecida quanto ela.

Uma noite, quando eu voltava para casa depois do trabalho, a minha mãe me chamou e disse que gostaria de falar comigo. Ela falou num tom de voz baixo e os seus olhos tinham uma expressão de medo. Eu nunca tinha visto a minha mãe daquele jeito antes. Pelo estado em que estava, deveria ser algo bem sério. Eu nem cheguei a tirar o casaco.

Aproximando-me dela, perguntei curiosa:

"O que foi, mãe?"

"Aconteceu uma coisa muito ruim na noite passada, Stella."

"Você está me assustando, mãe! O que aconteceu? Diga!"

"Mas não conte às crianças, está bem?"

A minha mãe não costumava agir desse modo. Eu estava tão habituada a ouvi-la falar sem pensar, que comecei a ficar realmente preocupada.

"Está bem, mãe. Vamos, diga o que aconteceu."

"Um pouco depois de eu cair no sono, tentaram me estrangular!"

Eu fiquei apavorada.

"O que a senhora está dizendo?", perguntei sem poder acreditar. "Como assim, 'tentaram estrangular a senhora'?"

"Eu também não entendi. Primeiro me seguraram firme pelos ombros para que eu não conseguisse me mexer, depois apertaram a minha garganta. Eu quase sufoquei! Era algo muito forte me segurando, eu não conseguia nem me mexer. Pensei que fosse morrer!"

Eu respirei fundo. Queria ficar tranqüila e pensar com calma. Para acalmar a minha mãe eu tinha de me acalmar primeiro.

"Mãe, será que não foi um pesadelo e você está achando que aconteceu de verdade?"

Não era isso o que diziam os olhos dela. Eu podia ver.

"Ouça, Stella", ela disse num tom decidido. "Eu não quero assustar você, mas isso não foi um pesadelo nem nada parecido. Foi real. Ouça o resto."

"Tudo bem, mãe, estou ouvindo."

"Eu não sei quanto tempo fiquei daquele jeito. Não conseguia nem gritar. Creia, eu senti que ia morrer. Depois me viraram contra a parede. E foi nesse momento que eu vi uma coisa na parede!"

A inteligência e a memória da minha mãe eram tão boas que eu acreditaria em tudo o que ela me dissesse. Assim como eu acreditei nela naquele momento e fiquei apavorada só de pensar no que ia me contar.

"O que você viu na parede, mãe?"

• 142 •

"Eu não sei muito bem como vou explicar, Stella. Era como a sombra de uma pessoa coberta com um lençol preto. A sombra ficou ali na parede por um instante. Aí, as partes abaixo da altura do ombro começaram a descer lentamente para o chão. Só a cabeça ficou visível. Quando aquela parte também começou a ir para o chão, ele me disse uma coisa!"

"Ele disse uma coisa para a senhora? Quer dizer que ouviu uma voz?" Senti o meu coração e o meu pulso dispararem.

"Ouvi, mas era uma voz estranha."

"A senhora lembra o que ele disse? Lembra, mãe?"

"Lembro, ele disse, 'você vai encontrar o seu documento de identidade perto dos chinelos pela manhã'. Depois desapareceu. Quando a sombra na parede sumiu totalmente, eu fiquei livre do peso incrível sobre o meu corpo e comecei a relaxar. Eu não consegui mais dormir. Como não consigo me movimentar direito, não consegui ver se o documento estava realmente lá ou não. Mas, hoje de manhã, quando a minha acompanhante me acordou, ela me deu o documento e disse que o encontrou perto dos meus chinelos."

As coisas que tínhamos vivido nos últimos dez anos não eram nada comparadas ao que a minha mãe tinha acabado de me contar! Tinham tentado estrangulá-la! A minha mãe podia ter morrido! Achar o documento perto dos chinelos era uma prova de que o que ela tinha visto não era um pesadelo, mas algo real.

Fazia cinco meses que esse documento estava perdido! Não, agora eu queria gritar para todo mundo o fato que eu não tinha tido coragem de expressar em palavras. A identidade não tinha sido perdida, como muitos outros objetos pessoais, mas tinha sido levada por aquelas criaturas! Algo que tínhamos procurado e já desistido de achar havia simplesmente surgido do nada. Dessa vez, avisando-nos de antemão que o objeto apareceria, eles nos deixaram uma mensagem. Eles vieram e permitiram que nós os víssemos, tentaram estrangular a minha mãe e fizeram-na pensar que ia morrer!

Eu não conseguia encontrar palavras para consolar a minha mãe. Será que eu deveria dizer a ela para não ter medo, para não se preocupar ou para agradecer a Deus por tudo ter acabado?

O que eu podia dizer? Eu estava simplesmente feliz por nada ter acontecido de mais grave a ela. Sentia o coração apertado e um medo inacreditável dentro de mim. Um medo muito mais profundo e bem diferente do que eu tinha sentido todas as outras vezes!

Além do mais, o período de proteção que Ari nos tinha garantido ainda não havia acabado!

Era a primeira vez que isso acontecia. Já fazia quatro anos que Ari fazia parte da nossa vida e, dentro dos períodos de nove meses de proteção, não havíamos passado por nenhum acontecimento sobrenatural. Só no final desses períodos é que os insetos começavam a reaparecer, seguidos de acontecimentos inacreditáveis, e isso nos dava a certeza de que a proteção já estava se esgotando e precisava ser renovada.

Agora, só haviam transcorrido seis meses dos nove de proteção!

Quando corri para pegar o celular na bolsa, para ligar para o Ari, a campainha tocou. Era Selim. Só de olhar para mim ao me cumprimentar ele percebeu que algo não ia bem.

Eu não pude explicar o que tinha acontecido porque as crianças estavam na sala. Decidi esperar e ligar para o Ari depois do jantar.

Enquanto ele beijava as crianças, notei que Jeffrey não parecia muito bem.

"O que há de errado com você, Jeffrey?", perguntei. "Não parece muito bem."

"Você não me ouviu gritar, mãe?", ele perguntou com amargura.

"Gritar?", perguntei surpresa. "Claro que não, meu bem, o que aconteceu?"

"Você vai ficar assustada, mãe, mas tenho de lhe contar!"

Era óbvio que algo terrível tinha acontecido ao meu filho. Eu ainda não tinha tido tempo de digerir o que a minha mãe me contara e não estava preparada para outro choque. Todos os órgãos do meu corpo rejeitavam uma nova onda de medo.

Na verdade, eu estava pensando que seria melhor se ele não me dissesse. Contudo, os meus instintos e responsabilidades maternais, o instinto de querer proteger meus filhos, fez com que eu dissesse o contrário:

"Querido, conte-me o que aconteceu!"

"Você sabe, mãe, ontem à noite eu fui para cama bem tarde."

"Sei, meu bem."

"Depois de cair no sono, senti como se tivesse um monte de gente em cima de mim! Eu simplesmente não conseguia me mexer. De repente começaram a apertar a minha garganta, mãe! Eu pensei que ia morrer! Achei que estava sonhando e mordi os lábios, mas senti a dor da mordida. Tive certeza de que não era um sonho. Mãe, eu estava desesperado! Apesar da dor não conseguia me mexer nem gritar!

"Eu tive certeza de que iam me matar! Mas por algum motivo simplesmente me soltaram e foram embora. Depois que não senti mais aquele peso em cima de mim, gritei 'Mãe!', mas como você não me ouviu, não quis chamar de novo."

Eu dei um abraço apertado em meu filho. Queria que ele sentisse o calor do meu corpo, o meu amor e toda a minha energia, para deixar ir embora todo o medo e pudesse relaxar. Eu tinha feito todo o possível para não deixar que os meus filhinhos fossem afetados durante todos aqueles anos e tinha conseguido. E agora o meu filho de 18 anos estava apavorado, eu sabia disso. Para que ele não ficasse mais apavorado ainda, segurei as lágrimas.

Selim e Jessica, sem saber que a minha mãe tinha passado pela mesma experiência, na mesma hora e na mesma noite, estavam tentando convencer Jeffrey de que tudo não passava de um pesadelo. Só a minha mãe e eu sabíamos da dolorosa verdade.

Em poucos meses Jessica faria 21 anos e Jeffrey, 18. Eles tinham o direito de saber a verdade. A verdade cruel e irremediável!

Quando telefonei para Ari, as minhas mãos tremiam. Nossos objetos pessoais estavam constantemente desaparecendo. O abajur que ficava na cabeceira da minha cama desapareceu, apenas quatro meses depois do período de proteção que Ari nos dera! Será que ele também não seria capaz de nos proteger? Será que faria o mesmo que a sra. Nilgun? Ficaríamos mais uma vez impotentes e sem ter como nos defender?

"Não tenho mais condições de proteger vocês, Stella", avisou-me Ari. "Essa situação está além da minha capacidade. Esse último incidente foi o que há muito tempo eu temia. Eu já esperava que algo assim acontecesse. Como eu não sou mais capaz de detê-los, você vai ter de fazer alguma coisa, do contrário..."

"Do contrário o que, Ari? Por favor, me diga! Do contrário o que pode acontecer?"

"O que aconteceu a noite passada foi só um aviso!", ele disse com tristeza. "Se não conseguirmos detê-los, tudo pode acabar em sangue e morte!"

• 145 •

Eu estava a ponto de enlouquecer. Nada mais tinha importância para mim. Nem os insetos, nem os objetos perdidos, nem as rosas que havia anos eles costumavam deixar na minha casa, para me lembrar da sua presença! Com o tempo, todos nós tínhamos nos acostumado a viver com eles. Mas perigo de morte? Seria possível viver com um medo constante da morte?

"Não me deixe sozinha!", implorei. "Estou muito assustada. Diga-me o que fazer, pelo amor de Deus!"

"Pegue o primeiro avião para Israel", ele sugeriu. "Aqui eu vou apresentá-la a uma pessoa que é uma autoridade nesses assuntos. Nós decidiremos juntos que providências tomaremos em seguida."

No dia seguinte, fui trabalhar e disse a Tina que tinha um problema, mas não podia falar a respeito. Eu tinha de fazer uma viagem de alguns dias para Israel. Em circunstâncias normais, eu teria pedido permissão a ela, mas agora já não podia me dar a esse luxo. Mesmo que ela dissesse não, eu teria de ir de qualquer maneira. Eu estava pronta para fazer o que fosse preciso para proteger a minha família.

Embora eu tenha deixado Tina numa situação delicada, ela foi compreensiva e não me fez muitas perguntas.

Nessa mesma semana, peguei o avião para Israel.

***

"Por que eu?", o rabino perguntou, deixando-me ainda mais surpresa. "'Por que essas coisas estão acontecendo na minha vida?' Eu tenho certeza de que você já se fez essas perguntas milhares de vezes. Mas você só perguntou, nunca se esforçou para achar uma resposta. Eu acho que fugir e tentar esquecer foi mais fácil para você. Mas eu quero que você pare de fugir, pense e me dê uma resposta. Por que você?"

Ai, meu Deus, que tipo de pergunta era essa? Eu não conseguia compreender. Eu já estava de cabeça cheia! Bem no momento em que estava tentando esvaziá-la, eu sentia como se tivessem querendo deixá-la mais cheia ainda. Não, não havia mais espaço dentro da minha cabeça. Ela estava tão cheia que eu não conseguia entender nem a pergunta mais básica.

Se eu soubesse a resposta, será que estaria ali?

Eu tinha ânsia de gritar: "Por favor, o senhor me diga! Como eu posso saber?", mas só consegui dizer, "Não sei, realmente não sei".

Depois de ficar em silêncio por alguns instantes, o eminente rabino disse algo que me derrubou:

"Tudo isso", ele disse, olhando-me, "está vindo de você!"

Quando esse rabino, alguém a quem eu recorria tão cheia de otimismo, disse isso, eu me senti completamente desesperada e sem esperanças.

Cinco anos antes, ao ouvir a mesma coisa de Ari, eu tinha entendido a situação de modo bem diferente. Entrei em pânico, achando que ele estava tentando me dizer que eu era um estereótipo. Duas Stellas, uma sem saber da outra. Enquanto uma estava tentando proteger a família, mesmo à custa da própria vida; a outra, cruel, estava tentando destruir tudo de uma vez. Percebendo o meu medo, o rabino continuou,

"Você está se preocupando à toa. Quando eu disse que você era a fonte dos problemas, estava me referindo à sua vida passada."

Eu era a fonte dos problemas! Meu Deus, como ele podia dizer isso? Eu não desejava nenhuma daquelas coisas que estavam acontecendo por minha causa. Ele estava falando de uma vida passada. Sobre coisas inacabadas, questões do passado que não tinham sido concluídas. Como ele podia esperar que eu acreditasse nesse tipo de coisa? Que provas ele tinha da reencarnação? Especialmente para mim...

Como eu iria descobrir a resposta para aqueles acontecimentos sobrenaturais e para os dez anos em que o caos havia reinado na nossa vida e a devastado? E o que eu faria sem Ari, que tinha nos deixado num beco sem saída, dizendo, "Nem eu posso ajudar mais vocês"?

Cinco anos antes, quando eu perguntei se corríamos algum perigo, ele achou que, na ocasião, isso não era provável. Agora eu sabia que tudo podia acontecer. E, segundo ele, o que tinha acontecido com a minha mãe e com o meu filho era apenas "um aviso"!

Quando Ari insinuou, num tom sério, que eu já estava fadada a passar por tudo aquilo, respondi, com sarcasmo, que não acreditava em reencarnação.

"Não se esqueça do que eu lhe disse, Stella. Hoje você pode não acreditar em reencarnação, mas um dia acreditará que ela é um fato. Você logo vai entender isso muito bem por causa de coisas que acontecerão na sua vida!"

Eu estava preparada para tudo. Sim, para tudo! Tudo em que eu sempre tinha acreditado agora estava vindo abaixo. Assim como Ari previra. Eu já tinha aprendido tudo graças à experiência da vida e agora ia conhecer a minha vida passada. Mas como? Quem iria me ajudar nisso?

Quando voltei para Istambul, tomei uma decisão definitiva. Eu me submeteria a uma hipnose o mais rápido possível e conheceria a minha vida passada. Eu só não sabia ainda a quem recorrer.

Eu sabia que não tinha encontrado Kolet, a prima de uma amiga, por coincidência. Conhecê-la no momento em que eu mais precisava dela foi, na verdade, uma prova da providência divina. Eu tinha de encontrar Kolet para fazer uma viagem astral e resolver os meus problemas. E eu estava pronta para encontrá-la.

Por algum tempo, havíamos mantido contato pela Internet. Kolet, além de ser médium, também estudava numerologia, astrologia e grafologia. Quando lhe contei sobre os meus problemas, ela insistiu para que eu fizesse uma viagem astral e voltasse ao passado. Ela disse que estaria na Turquia dentro de algumas semanas e estava disposta a me ajudar. Nessa época, eu já não conseguia pensar em mais nada. Aceitei a ajuda dela.

Definitivamente, eu tinha de conhecer o meu passado!

10

8 DE JUNHO DE 2000

Jessica e eu fomos para Buyukada em silêncio. Embora nós duas estivéssemos tentando parecer calmas, a força com que apertávamos a mão uma da outra era a expressão silenciosa dos nossos sentimentos.

Nem o mar encantador nem o sol significavam coisa alguma para mim nesse dia. Eu me desesperava só de pensar no que me aguardava no fim daquela travessia de balsa, e já me sentia exausta embora estivéssemos no começo da manhã.

Kolet estava me ajudando a resolver meus problemas e, segundo ela, a hipnose era a única solução. O fato de ela estar passando três semanas na Turquia me fez tomar a decisão final. Eu queria que ela fizesse a hipnose. Apavorada com o que poderia descobrir, eu me perguntava se conseguiria cair no sono ou não. Mas o que Kolet me disse foi suficiente para me deixar mais tranqüila:

"O que vou fazer com você não é hipnose. Chama-se viagem astral. Durante a sessão, você vai ficar totalmente acordada. Por isso não há razão para ficar assustada. Se está decidida e é isso o que você quer, não há o que temer. Basta confiar em mim."

Eu confiava em Kolet. Não tinha outra escolha a não ser confiar nela. E o que aconteceria depois? A minha vida tinha se transformado numa novela. Eu tinha de fazer o que Kolet me dizia. Não tinha outra opção!

Contemplando o mar com o olhar vazio, eu queria que aqueles dez anos da minha vida fluíssem diante dos meus olhos. Queria que eles fluíssem como água, sem deixar para trás nenhuma nódoa ou marca. As dezenas de perguntas que eu tinha na cabeça e as preocupações que me oprimiam deixavam um grande vazio dentro de mim. Eu olhava o mar sem na verdade enxergá-lo.

"Mãe, você está com medo?"

Era como se as palavras doces da minha filha me tirassem de um sono profundo. Eu devia dizer a ela que estava com medo? Ela só tinha 21 anos e eu não queria deixá-la assustada. Na realidade, eu não queria que ela estivesse ali comigo e testemunhasse o que eu ia passar, no entanto acabei tendo de ceder à insistência dela.

Jessica não era apenas minha filha, ela era minha amiga, minha confidente e, o mais importante, minha mentora. Eu confiava nela mais do que em ninguém e tinha um grande respeito pelas suas idéias. Sempre tive orgulho da minha linda filha e sempre terei, pela minha vida inteira.

"Sim, querida, estou com medo. Não sei bem por que, mas é como se eu estivesse em meio a uma tempestade. Não vejo a hora de saber o que vou descobrir do meu passado, como isso vai influenciar a nossa vida no presente e se o fato de conhecê-lo vai resolver ou não os nossos problemas."

"Mãe, aconteça o que acontecer, tente ser positiva. Todas as pessoas com quem falei disseram que a viagem astral é a única solução. Você tem de confiar. Eu sei o quanto é difícil para você e o medo que você tem. Mas, se pensar que daqui por diante tudo vai ficar bem, para todos nós, vai ser muito mais fácil enfrentar este dia."

"Você está certa, meu amor", eu disse tentando sorrir. "Acho que estou exagerando. Estamos quase chegando na ilha. Tenho de me livrar desses medos ridículos e me acostumar com a idéia da viagem astral. Você sabe, Kolet disse que eu tenho de confiar nela e não ter medo."

"Isso mesmo, mãe, então procure ser forte."

"Eu não sei por que a minha voz interior está me dizendo que você também está assustada, só não quer demonstrar."

"Ela está dizendo a verdade, mãe", confirmou Jessica um pouco embaraçada. "Estou assustada também. Para ser sincera, eu também não consegui dormir esta noite. A minha preocupação não é com o dia de hoje, mas com o de amanhã! Eu sei como você é sensível. Tenho receio de que você não consiga superar os efeitos das verdades com relação à sua vida passada e que isso interfira na sua vida presente. Não quero que você tenha problemas psicológicos só para resolver todos os nossos problemas. Seja o que for que descobrir, não deixe que afete você. Essa vida passada não lhe diz mais respeito. E, aconteça o que acontecer, não quero que você deixe de ser a mãe alegre e feliz que eu conheço. E o papai e o Jeffrey também não querem. Você tem de superar isso por nós, mãe."

Ouvir as preocupações dela, coisas que eu também vinha remoendo havia alguns dias, deixou-me com uma grande vontade de chorar. A minha filha querida tinha crescido tanto e ficado tão madura em pouco tempo! Enquanto eu tentava secar as lágrimas, ela implorou, "Prometa que fará isso, mãe!"

Como eu poderia prometer se eu não confiava plenamente em mim?

"Ai, querida", consegui dizer. "Prometo que farei o possível. Eu sei que conseguirei com a ajuda de vocês. Vamos, temos de ir agora. Vamos nos apressar um pouco. Você sabe que tenho de pegar Kolet na casa da prima dela. Depois pegamos uma condução e vamos para a casa da sua tia."

Estávamos em Buyukada. A conversa no trajeto tinha me deixado bem melhor. Ao sair da balsa, respirei fundo para sentir o aroma do mar, que sempre foi a minha paixão. Era como se o cheiro de maresia fosse capaz de levar embora todas aqueles pensamentos que giravam na minha cabeça, dando espaço para novas esperanças e uma vida nova.

Eu me sentia muito melhor agora. Olhei para a minha filha, segurando a minha mão com um olhar sorridente. Agora estávamos ambas preparadas para enfrentar o desconhecido. Depois de tantos dias cheios de tensão, eu conseguia sentir a felicidade dela.

Acho que só havia uma pergunta em nossa mente. Depois de viver uma vida cheia de mistérios durante dez anos, será que passaríamos a ter uma vida normal?

❦

Toda vez que eu ia àquele lugar, as lembranças da infância e da adolescência voltavam à minha memória e eu me sentia cheia de entusiasmo. Eu havia passado todas as minhas férias de verão na ilha, desde que nascera até me casar. Em todas as ruas ou esquinas havia algo que pertencia à minha vida. Embora muito tempo já tivesse passado, eu ainda me lembrava do mesmo sentimento que enchia o meu coração, sentimento que eu não podia nem queria esquecer jamais.

"Parece que você está em outro mundo, mãe. No que está pensando?"

"Pensando em coisas de muito tempo atrás. Toda vez que venho para a ilha fico um pouco melancólica. Veja essa torre do relógio. Eu costumava esperar o meu pai na balsa, quando chegava a hora das pessoas voltarem do trabalho. Você não sabe como eu ficava feliz quando o avistava no meio de todas aquelas pessoas. Eu tinha tanta vontade de abraçá-lo e contar sobre como tinha sido o meu dia! E às nove da noite, eu costumava encontrar os meus amigos aqui, embaixo da torre do relógio, para decidir aonde iríamos. Eu nunca me esqueço dessa época tão boa."

Decidimos andar em vez de pegar um carro até a casa da prima de Kolet. Era tão bom andar de mãos dadas com a minha filha pelas ruas onde eu costumava correr quando era uma garotinha! Era como naquele dia, meses antes, em que eu e o meu primo Hayim tínhamos voltado à ilha e conversado sobre as nossas lembranças da ilha.

Na verdade, havia tanto que conversar! Apesar de todas as coisas ruins que tinham acontecido, eu ainda tinha muitas doces lembranças que me ligavam ao passado.

A minha filha me entendia. Ela me olhava nos olhos como se dissesse, "Vamos, mãe, divida comigo essas lembranças". Assim ela me ajudava a esquecer o que iria acontecer em breve.

"De manhã, costumávamos ir à praia do clube Anatólia com nossos amigos e ficar por lá o dia inteiro", comecei a contar. "Eu era tão apaixonada pelo mar, que meu pai costumava me chamar de sereia. À noite, sempre íamos ao cinema ao ar livre e nos divertíamos muito lá. Não costumávamos prestar atenção no filme nem nos importávamos de incomodar as pessoas; sempre fazíamos muito barulho. Nossa maior diversão era encher de ervilhas secas as garrafas de limonada vazias, agitar a garrafa e espalhar tudo em volta. Não importava o quanto isso incomodasse os adultos, eles nunca reclamavam, sempre eram tolerantes."

"Só isso, mãe? É só isso que você tem para me contar? E o que dizer de Dogan, por que não fala dele? Você me disse que se encontrava com ele aqui na ilha."

"Ah, por que não... Não vou esconder de você nem de ninguém o primeiro amor de verdade que eu tive quando era uma garotinha. Eu me lembro que você teve a sua primeira paixão na mesma idade que eu. O seu coraçãozinho batia forte e eu via no seu rosto tanta empolgação! Eu amei assim como você amou nessa época; você era tão doce e inocente! Quando a instiguei a me contar, você ficou superconstrangida, mas nem imaginava que tudo o que estava me contando reavivava as minhas lembranças da época em que eu tinha a sua idade. Não importa todas as coisas que a vida lhe trouxer; o seu primeiro amor será sempre algo especial."

"Stella, vai querer uma espiga de milho hoje?"

Essa voz vinda de longe me trouxe de volta para a vida real. Com um olhar de surpresa, virei-me para o lugar de onde ela viera. Avistei um homem alto de bigodes pontudos. Não podia acreditar que havia encontrado o sr. Hasan depois de tantos anos!

Sem me importar com quem ele era ou se era apropriado ou não lhe dar um beijo, senti uma vontade imensa de abraçá-lo e de me entregar às lembranças longínquas que ele despertava em mim. Assim como tinha reprimido meus sentimentos, tentei transmitir só com palavras a felicidade que eu sentia em vê-lo.

"Sr. Hasan! Não sabe o quanto estou feliz em vê-lo! O senhor não mudou nada! Continua o mesmo de sempre."

"Você também não mudou nada, Stella. Quando olho para você, continuo vendo a mesma menina travessa de sempre. Mas, na verdade, essa menina travessa cresceu e traz consigo uma filha. É difícil acreditar!"

Passei o braço pelos ombros de Jessica e a aproximei de mim.

"Essa é a minha filha Jessica, sr. Hasan."

"Sabe, se eu visse Jessica sozinha, eu saberia na mesma hora que é sua filha. Creia, nunca vi mãe e filha se parecerem tanto!"

Como sempre, eu não consegui discordar dele. E especialmente naquele dia, em que eu estava tão nostálgica e tudo tinha de ser como era antigamente.

Continuamos seguindo nosso caminho, comendo as espigas que o sr. Hasan tinha nos dado.

❧❦❧

Ao chegar na casa da minha irmã, procurei manter a calma. No caminho, Kolet tinha feito o possível para nos deixar mais à vontade. Ela era uma mulher doce e sorridente, que passava uma energia positiva e falava com meiguice.

Como a casa estava fechada havia nove meses, estava abafado ali dentro. Eu abri todas as janelas, pois a casa, usada apenas nos meses de verão, tinha uma atmosfera carregada e sombria. Era uma casa misteriosa e solitária, assim como os sentimentos que oprimiam o meu coração. Tão logo eu abri as janelas, uma lufada de ar fresco arejou a casa. Embora eu tentasse não deixar que Jessica e Kolet percebessem, meus lábios não paravam de tremer.

Fui imediatamente para a cozinha e comecei a preparar um café. Para não perder a empolgação, eu precisava pensar. Eu podia ouvir as vozes de Jessica e Kolet lá na sala. Sem esperar por mim, a minha filha já tinha começado a fazer as perguntas que a intrigavam.

O entusiasmo dela estava me deixando nervosa. Eu não tinha certeza se deveria deixá-la presenciar as experiências pelas quais eu logo passaria.

Talvez tivesse sido melhor seguir o conselho da minha amiga Mary e a trazido comigo. Ou talvez nem devesse fazer uma viagem astral, como ela havia me recomendado. Na opinião dela, essa viagem só serviria para deixar a minha vida mais difícil.

Não que eu não desse razão a ela. Mas, não! Isso não era algo que eu tivesse escolhido fazer por diversão. Eu estava sendo obrigada! Eu tinha de passar por essa viagem.

"Kolet, há tantas coisas que eu quero perguntar que não sei nem por onde começar", expliquei.

"Para começar, você tem que ficar calma, do contrário não conseguirei realizar a sessão. Eu já lhe disse isso. Agora você pode perguntar o que quiser; ainda é cedo e temos muito tempo para começar."

Na realidade, o que eu tanto queria perguntar? Não importava o que ela me dissesse ou o que aconteceria, eu teria de passar por tudo aquilo e ver o resultado. Não havia mais como fugir. Enquanto ela me olhava com ar de indagação, resolvi fazer a pergunta que, a meu ver, era a mais importante:

"Tudo bem, mas eu não estou sabendo como me expressar. Na verdade, até hoje eu nunca pensei em reencarnação. Agora você está me dizendo que, durante esta sessão, eu vou voltar à minha vida passada. Isso é totalmente contrário a tudo em que eu sempre acreditei!"

"Olhe, Stella, eu acho que você entendeu mal. Eu não disse que você, com certeza, voltará à sua vida passada. Assim como pode voltar à outra vida, você também pode falar sobre certos aspectos da sua vida atual. Nós sabemos como foram os últimos dez anos da sua vida. Quantas famílias você acha que já viveram o tipo de experiência que vocês estão vivendo? Você acha que esses acontecimentos sobrenaturais são normais? Acha normal viver uma vida tão instável? Bem, deve haver uma razão para tudo isso, não acha?

"Quanto à viagem astral", Kolet continuou depois de beber um gole de café, "a única diferença entre ela e a hipnose é o fato de que você não vai dormir. Vai ficar totalmente acordada e consciente de tudo. Só vai sentir a separação entre o seu espírito e o seu corpo. Você vai estar consciente de onde está e do que está fazendo. Embora tenha consciência de tudo, você vai viver o passado como se fosse o presente. Esse tipo de sessão costuma trazer à tona acontecimentos que as pessoas viveram, mas que estão enterrados no subconsciente e elas se recusam a lembrar. Por isso eu não sei de que vida nós vamos falar. Só espero que possamos conseguir algumas pistas importantes que possam ajudar você."

"Quanto tempo vai durar esta sessão, Kolet?", perguntei.

"Não sei, depende de quanto você vai falar. Pode levar uma hora ou duas. Mas é claro que eu posso identificar partes menos importantes e deixar que você pule alguns períodos."

"Como assim? Não entendi."

"Se eu perguntar o que você está vendo num dado momento e, pela sua resposta, eu achar que não é nada muito importante, então eu posso perguntar, 'Muito tempo já se passou. Onde você está agora? O que está fazendo?', mas você não perceberá que pulamos um período. Só as coisas que você me disser serão permanentes."

"Quando diz 'permanentes', você quer dizer que me lembrarei delas mais tarde?"

"Exato, depois você vai conseguir se lembrar de tudo muito bem."

Eu não sabia mais o que perguntar. Estava pronta. Pronta e totalmente disposta!

"Já estou pronta, Kolet!", eu disse. "Se já acabou o seu café, podemos começar!"

"Ótimo, mas quero que você use roupas bem confortáveis. Durante a sessão, você deve se sentir bem à vontade. Isso é muito importante para que nada impeça a sua concentração. Como você vai ficar um tempo deitada, é melhor que vá beber água e vá ao banheiro agora. Nada deve desviar sua atenção ou incomodar você. Também é bom evitarmos qualquer tipo de barulho. Por isso é bom que não haja mais ninguém em casa."

"Entendo."

"Agora você, Jessica. Durante a sessão, que pode durar horas, você não deve falar. Até mesmo uma tosse pode levar tudo a perder. Algumas coisas que a sua mãe vai falar podem deixá-la surpresa, aborrecida ou até muito assustada. Se estiver preparada para tudo isso, pode ficar, mas, se não tem certeza, é melhor que espere na sala."

"Não se preocupe, Kolet, estou preparada. Aconteça o que acontecer, quero estar perto da minha mãe."

Eu vesti rapidamente um short e uma camiseta que achei na gaveta da minha irmã e prendi os cabelos, pois fazia muito calor. Além dos meus lábios ainda tremerem, eu agora suava em bicas.

Embora o quarto fosse espaçoso e arejado, percebi que estava me sentindo sufocada. Abri um pouco a janela e a cobri com o toldo e as cortinas de tule. Até uma lâmpada acesa podia desviar a minha atenção da sessão, por isso deixamos o quarto na penumbra.

Eu me deitei na cama e Jessica sentou-se numa poltrona à minha direita. Kolet ficou à esquerda, numa cadeira perto da cama.

"Feche os olhos, Stella. E não abra até que eu diga, entendeu?"

Eu assenti. Antes de fechar os olhos, olhei de relance para a minha filha e me certifiquei de que ela estava bem. O seu sorriso me tranquilizou.

Quando fechei os olhos, por um momento senti vontade de rir. Foi um pensamento tolo, mas não consegui reprimi-lo e comecei a rir. Isso deve ter servido para desfazer a tensão que estava no ar, pois tanto Kolet quanto Jessica começaram a rir também. Agora eu me sentia muito melhor. A risada relaxa as pessoas tanto quanto o choro.

"Se você estiver pronta, podemos começar, Stella. Mas por favor, não esqueça de não abrir os olhos e só responder o que eu perguntar. Fora isso, não quero que fale nada."

"Está bem", concordei. "Vou fazer o que disse, não se preocupe."

De novo fechei os olhos. Na verdade, ainda estava com vontade de rir, mas mordi os lábios para que a vontade passasse. Respirei fundo. Eu estava pronta agora. Aguardei com expectativa as instruções de Kolet. Como eu iria entrar num outro mundo sem dormir? Eu queria acreditar naquilo, mas, para ser sincera, tinha as minhas dúvidas.

Por um instante ficamos as três em silêncio. Eu só sentia as mãos de Kolet fazendo movimentos sobre o meu corpo. Percebi que ela fazia círculos com as mãos, começando pela cabeça e terminando nas pernas.

Não sei quanto tempo durou esse processo. Talvez só alguns minutos, talvez um pouco mais. Meus olhos tinham se acostumado com a escuridão e o meu corpo estava extremamente relaxado.

Apesar de ainda ter consciência dos meus medos subjacentes, as perguntas que eu tinha se desvaneceram da minha mente. Eu só conseguia sentir uma coisa: paz e contentamento!

"Agora sinta-se na porta da frente da sua casa", disse Kolet.

Eu procurava não pensar em nada. A jornada pela qual eu tanto esperava tinha finalmente começado. Kolet falava devagar e num tom tranqüilo, transmitindo-me a mesma sensação de conforto que os psicólogos transmitem aos pacientes. Agora eu tinha de me concentrar em Kolet. Só pensar no que ela queria que eu fizesse. Não foi difícil me imaginar na porta da frente da minha casa.

"Agora você está na porta da frente da sua casa. Diga o que vê."

"De um lado da porta, eu vejo grama e uma roseira", eu disse num tom monótono. "Do outro lado há alguns carros estacionados. Posso ver o gramado atrás dos carros. Todas as árvores estão floridas. A grama também está alta."

"Você vê mais alguma coisa?", ela perguntou. "Dá para ver algum prédio?

"Não há nenhum prédio em frente à minha casa. Posso ver o leito seco do rio que liga Ulus e Ortakoy e, no topo de uma colina, posso ver as casas de Ulus."

"Tudo bem, agora eu quero que você vá subindo bem devagar. Suba até o telhado da sua casa. Agora você está no telhado. Sinta o lugar e me diga o que você vê daí."

"Como o nosso apartamento tem quatro andares, posso ver as árvores e as flores lá embaixo. Elas só estão um pouco mais distantes agora. Agora eu posso ver nitidamente os prédios em frente e o rio que corta Ortakoy."

"Vire-se para um lado e diga-me o que vê."

Pensei no que eu poderia ver do alto do telhado. Agora eu precisaria usar o poder da imaginação.

"Só há prédios. Não dá para ver mais nada. Está tudo meio turvo."

"Tudo bem. Agora vire-se para o outro lado", ela mandou. "Agora vou lhe dar um par de asas. Quero que você se sinta leve como um pássaro e comece a voar."

"Está bem, Kolet."

"Agora você está vendo as suas asas se abrindo e você começa a voar. Em pouco tempo você está no céu. Assim como os pássaros... livre e em paz."

Imaginar que eu estava voando era bem mais difícil do que me imaginar no telhado de casa. Eu me esforcei para imaginar e sentir a vida dessa maneira e consegui. Mas era só imaginação, não era realidade.

"Agora você está voando. Diga o que sente."

"Eu me sinto bem."

"Só isso? Só se sente bem?"

O que mais eu poderia sentir?

"É, só isso."

"Que cor você vê?"

"Preto."

"Consegue ver outra cor?"

"Não, só preto."

Por alguma razão, eu comecei a me sentir mal. Era como se a resposta que Kolet esperava não fosse essa. Será que estávamos nos saindo bem? Eu senti que a ansiedade estava atrapalhando a minha concentração. Por um momento perdi a concentração. Eu sabia que não devia abrir os olhos, então, ainda de olhos fechados, falei o que eu pensava.

"Kolet, na verdade, eu não consegui nem sentir que estava voando. Como você disse para eu voar, fiquei tentando imaginar como se estivesse voando. Para mim é como se tudo não passasse de um jogo. E é normal que eu veja preto, pois meus olhos estão fechados. Eu não quero enganar você. Acho que não estou conseguindo fazer essa viagem."

"Não faça isso, Stella", ela me aconselhou num tom gentil. "Por favor não fale nem faça nenhum tipo de comentário. O que está aconte-

• 158 •

cendo com você é absolutamente normal. O que estamos tentando fazer não é algo que se consiga na primeira tentativa. Precisamos tentar muitas vezes. Você simplesmente responde às minhas perguntas e não interfere no resto. Tudo bem, vamos começar de novo. Imagine que está na porta da frente da sua casa. O que está vendo?"

Eu ainda podia sentir as mãos de Kolet fazendo movimentos circulares sobre o meu corpo, especialmente na cabeça. Começamos novamente desde o início. As mesmas perguntas e as mesmas respostas, nada mudou. Enquanto imaginava que estava voando, a única cor que eu via era preto!

Esse processo se repetiu três vezes.

"Que cor está vendo?", perguntou Kolet pela quarta vez.

"Preto."

"Dá para ver outra cor?"

Pela primeira vez a voz de Kolet pareceu vir de uma certa distância. No entanto, eu sabia que ela estava sentada bem ao meu lado. Ou estaria de pé? Para não perder a concentração, tive de afastar esses pensamentos da cabeça. Eu queria responder, mas me sentia muito cansada, praticamente exausta. Não conseguia nem falar.

Meus olhos fitavam a escuridão; meus pensamentos estavam todos confusos. Eu me sentia de um jeito que não conseguia entender. Tinha alguma coisa estranha acontecendo comigo e eu não conseguia descobrir o que era. Não dava para acreditar que eu pensasse que estava voando. Ou será que eu tinha realmente me convencido de que estava? Metade de mim estava voando e a outra metade estava inerte na cama.

Eu sabia que não estava dormindo e que tinha plena consciência de tudo. Na verdade, eu estava tão alerta que consegui até pensar: "Eu gostaria de saber o que Jessica está sentindo agora. Como será que ela está?"

Senti vontade de me virar na cama e tentei dar um impulso para a frente. Que sensação horrível! Não conseguia me mexer, nem sequer um dedo! O meu espírito estava separado do corpo e eu senti como se nenhuma parte dele pertencesse a mim.

"Kolet, estou assustada!", eu disse lentamente. "Acho que está acontecendo alguma coisa comigo. Não consigo me mexer. Isso é normal?"

Ela me acalmou dizendo:

"É, faça o que fizer, não fique assustada. Está tudo em ordem. Não se preocupe. Por favor, vamos continuar de onde paramos. Agora me diga que cor você vê."

"Ainda vejo preto. Preto! Mas há uma outra coisa!"

"O quê? Diga-me o que você vê."

"Estou vendo uma luz. Mas muito longe. Há uma luz em algum lugar à frente, onde só enxergo uma imagem meio desfocada."

"Diga o que você vê e sente. Prossiga."

"É bem interessante. Só consigo ver essa luz com o olho direito. E não com o olho inteiro. Só com o canto do olho."

"De onde está vindo essa luz?"

"Não sei."

"Pense, você precisa saber."

"Eu não sei."

"Tudo bem, vou ajudar você. Pode ser a luz do Sol?"

"Não."

"Pode ser uma estrela?"

"Não."

"Bom, então o que é?"

"Não tenho certeza, mas acho que é a luz da Lua."

"Acho que essa é a palavra-chave: luz da Lua!"

Como Jessica depois me disse, nesse momento Kolet fez um gesto afirmativo para ela, expressando aprovação.

"Muito bem", continuou Kolet. "Agora é hora de voltar ao chão. Eu quero que você coloque os pés no chão bem devagar."

"Não!"

Eu mal reconhecia a minha voz. Era como um rugido. Talvez fosse um sinal de rebeldia, um pedido de ajuda.

Lembro-me nessa hora de ter tentado me recompor, controlar o tom de voz e dizer "não" num tom mais suave.

"Por que não?", Kolet perguntou. "Por que não quer voltar ao chão?"

"Não quero, Kolet, por favor não me leve de volta. Estou tão feliz aqui!"

"Responda, Stella, por que você não quer voltar?"

• 160 •

"Porque não quero."

Eu não podia mais continuar. Tinha vontade de chorar. De soluçar. Eu sabia que estava prestes a voltar e o fato de não poder impedir isso me desesperava. Era incrível não conseguir chorar apesar de querer tanto. Será que os meus olhos tinham secado?

Não, eu não queria entender nada.

"Agora me diga, Stella, por que você não quer descer?"

"Porque estão acontecendo coisas horríveis lá embaixo!"

Kolet procurou me dar coragem:

"Não se preocupe, Stella, você é forte. Ninguém vai fazer nenhum mal a você."

"Não, Kolet, estou com medo. Por favor, eu peço, não me leve de volta. Estou tão bem aqui!"

"Agora você sabe que está fazendo uma viagem astral?"

"Sim, eu sei."

"Nesse caso, você sabe por que está fazendo essa viagem. Para melhorar a sua vida atual. E para ter certeza de que não vai mais ter os mesmos problemas você precisa encarar certos fatos. Lembra disso, não lembra?"

"Lembro."

"Então você também precisa entender que precisa voltar para o chão. O seu lugar não é no céu. Você tem de voltar para o lugar de onde veio, Stella. Agora eu estou trazendo você de volta para baixo, puxando-a pelas pernas. Estou colocando você lentamente no chão. Bem devagar. E agora os seus pés estão tocando o chão. Você está no chão."

Tudo ficou em silêncio por um instante.

Depois pude ouvir Kolet me perguntar:

"Diga, onde você está?"

Não consegui responder imediatamente. Eu não tinha certeza do lugar onde estava, pois era como se diferentes camadas do meu subconsciente estivessem se abrindo, uma após a outra.

"Stella, diga-me onde você está", Kolet repetiu.

"Eu..." sussurrei baixinho, como se estivesse com medo que certas pessoas me escutassem. "Estou... na França!"

11

"Em que ano você está?", uma voz perguntou.

"1950."

"Diga-me o seu nome."

"Martine."

"Quantos anos você tem?"

"Trinta."

"Eu quero que me descreva em detalhes onde você está agora e o que está fazendo."

"Estou andando por uma rua estreita na França. Estou andando encostada a uma parede alta. Estou vigiando duas pessoas que estão mais à frente. Eu preciso saber aonde elas vão."

"Por que você está vigiando essas pessoas?"

"Estou vigiando."

"Elas fizeram algum mal a você?"

"Não, eu não as conheço."

"Por que você está vigiando duas pessoas que não conhece?"

"Esse é o meu trabalho. Eu sou detetive."

"Então continue."

"Eu sei que logo vou conseguir o que quero. Acho que elas perceberam que estão sendo seguidas; entraram num prédio no fim da rua e desapareceram de vista. Fiquei ali pensando no que fazer e depois voltei para casa."

"Fale-me sobre a sua casa e os seus sentimentos."

"Na minha sala de estar imensa só há uma escrivaninha toda bagunçada. Mas acho que isso basta para mim. Eu não ligo para a falta de mobília. Mas me sinto sufocada nessa sala de estar escura. Esse lugar não é o tipo de lugar para onde as pessoas queiram voltar depois do trabalho. É só um lugar para morar e eu não sinto nada de agradável ali. Eu só trabalho."

"Um dia se passou. Onde você está agora?"

"Estou na rua, numa rua."

"A mesma rua de ontem? Você está seguindo as mesmas pessoas?"

"Não, não é a mesma rua; é outra diferente. Não estou seguindo ninguém."

"Bom, o que está fazendo? Diga-me o que vê e o que está fazendo?"

"Esta rua é arborizada, é uma linda rua que me dá paz e conforto. Estou feliz e triste ao mesmo tempo. Da rua eu observo um jardim-de-infância. Estou escondida, ninguém pode me ver. Estou queimando por dentro."

"Por que você precisa se esconder? Quem está no jardim-de-infância?"

"Uma criança."

"Que criança? Qual é o nome dela?"

"O nome dela é Jackie. É o meu filho!"

"Quantos anos tem o seu filho?"

"Ele tem só 3 anos."

"Por que você fica observando o seu filho daí? Por que não se aproxima dele?"

"Não posso! Só posso vê-lo por entre essas barras. O portão da escola está fechado para mim. Não deixam que eu abrace o meu filho. Só posso murmurar o nome dele. Não posso chamá-lo em voz alta, porque eu não suportaria vê-lo triste depois de me ver. Ele é o meu filhinho, o meu bebê. Fico louca só de pensar no quanto ele precisa de mim e de saber que ele é criado por governantas. Você acha que elas podem dar a ele o amor que eu poderia dar? Eu quero abraçá-lo e acariciá-lo. Mas não posso entrar na escola. Não posso fazer nada que poderia fazer mal a ele. Isso mostra o quanto eu o amo."

"Quem proibiu você de ver o seu filho? O seu marido?"

• 163 •

"Sim!"

"Vocês são divorciados?"

"Não, vivemos separados."

"Já se passou uma semana. O que você está vendo agora?"

Essa voz vinda de longe, essa ordem, desconectou-me do meu filho.

Havia dentro de mim uma vontade imensa de gritar, "Por quê?! Por que você me interrompeu quando eu estava observando o meu filho? Que direito você tem de fazer isso?" Mas eu não consegui. Eu mais parecia um robô. Era como se eu fosse um robô programado só para obedecer a ordens.

"Estou em casa, trabalhando", respondi.

"Por que você se separou do seu marido? Qual era o problema?", a voz perguntou.

"Ele me assusta!"

"Por que ele a assusta?"

"Não sei."

"Ele a trata mal?"

"Não, ele me trata muito bem."

"Bem, então como ele trata o seu filho?"

"Ele adora o filho."

"Qual é a profissão do seu marido?"

"Ele é ministro!"

"Como vocês decidiram se separar?"

"Eu o deixei. Não agüentava mais viver com ele."

"É por isso que ele a proibiu de ver o seu filho?"

"É, ele disse que, se eu não voltasse para casa, eu não veria mais o meu filho. E desde aquele dia ele não me deixou mais vê-lo. Mas eu me contento em vê-lo a distância."

"Há quanto tempo estão separados?"

"Há um ano."

"Por que o seu marido quer que você volte para ele? Por que ele não se divorcia de você?"

"O meu marido é um bom pai e sempre me dedicou um amor infinito. Ele diz que me ama e que não pode viver sem mim. Mas o ciúme dele se tornou intolerável. Quando estávamos juntos, ele não me deixava nem trabalhar fora. Nem sair com o meu filho eu podia. Ele tinha ciúme de tudo e de todos e dizia que, se alguém me olhasse de maneira imprópria, ele mataria. É tão simples para ele matar uma pessoa! Eu não suporto o ciúme dele! Se ele não me assustasse tanto, se não me causasse tanta aversão, talvez eu continuasse casada, mas agora isso já não é mais possível."

"Por que não é mais possível?"

"Existe outro homem na minha vida. O amor que temos um pelo outro é tão grande, tão inocente..."

"O seu marido sabe disso?"

De novo aquela voz! Uma voz que vem de longe e interrompe os meus pensamentos. Ela não me deixa falar do meu amor. Mas eu não quero mais falar do meu marido; só quero falar do homem que eu amo.

"Não sei."

"Se o seu marido a ama tanto e tem tanto ciúme de você, você não tem medo que ele saiba desse outro homem?"

"Ele me separou do meu filho. Não poderia fazer nada pior do que isso para me atingir. Não acredito que ele realmente me ame. Ele só não está acostumado a perder, por isso me quer de volta."

"Mas, logo no início, você disse que o seu marido lhe dedicava um amor infinito."

"Como alguém que ama de verdade pode separar um bebê, uma criancinha inocente, do aconchego do amor maternal? Como um homem pode querer o amor da esposa à força e viver com ela? E como uma mulher consciente de que ama outro homem pode dividir a casa e a cama com o seu marido?"

"Três meses se passaram. O que você está fazendo agora? Até que eu lhe faça outra pergunta, por favor me diga tudo o que está sentindo e a situação em que está."

"Estou muito feliz. Tão feliz que nem caibo em mim. Logo eles estarão me trazendo o meu pequeno Jackie. Não sei como isso aconteceu, mas desta vez o meu marido permitiu que ele ficasse comigo durante um dia inteiro, só com a condição de que os guardas fiquem esperando do lado de fora da minha casa. Um dia apenas... será que um dia é suficiente para uma mãe? Mas eu sei que tenho de me contentar com isso, embora não seja fácil. Infelizmente, eu não tenho outra opção; não há nada que eu possa fazer.

"O meu marido tem muito mais poder do que eu e tenho de me submeter. Mas por quê? Por que ele está me castigando desse jeito? Eu não fui uma esposa leal para ele? Mas o casamento não deu certo. Não consegui mais ficar com ele. No horário marcado, eles me trouxeram o meu filho. Ele abriu os bracinhos para mim e pulou no meu colo. Eu me sinto tão diferente... tão feliz!"

Como se eu estivesse assistindo a um filme e ele de repente parasse, eu comecei a obedecer à voz que vinha de longe e passei a viver os acontecimentos de dois dias depois.

Mas por quê? Por que arrancaram de mim esse dia tão perfeito, em que eu ia conviver com o meu filho? Por que não consigo comandar o meu cérebro e meus sentimentos? Eu queria gritar, "Não quero viver dois dias depois! Só quero viver o dia de hoje!", mas fui incapaz de gritar, subjugada à voz que me comandava.

Nessa noite, o meu filho dormiu comigo. Será que eu lhe falei sobre o meu eterno amor e admiração? Será que lhe disse que não podia viver sem ele e que, se pudesse, voltaria para casa só para estar com ele? Infelizmente, nunca ficarei sabendo as respostas para essas perguntas.

"Vamos seguir adiante, responda à minha pergunta", ordenou a voz distante. "Dois dias se passaram. O que está fazendo agora?"

"Estou na estrada, dirigindo."

"Aonde você está indo?"

"Vou encontrar o homem que amo."

"Continue, estou ouvindo."

"Não sei se devo correr mais para encontrar o meu amor ou se devo ir mais devagar, para adiar o momento da minha partida. Esse vai ser o nosso último encontro. Eu só tenho 30 anos e estou prestes a pôr fim no nosso caso de amor.

"Ele sabe que nunca vou esquecê-lo, mas que não posso viver sem o meu filho. Conforme o prometido, nós nos encontramos em frente ao parque. Quando saí do carro e fui ao encontro dele, percebi o quanto eu amava esse homem que me aguardava, sorrindo para mim. Nossas mãos, que nunca mais se encontrariam, não conseguiam se separar uma da outra. Enquanto vivíamos esse amor proibido, falávamos baixo como se tivéssemos receio de que o nosso relacionamento fosse descoberto. Mas por que continuávamos falando desse jeito se nunca mais nos veríamos?

Ele me disse, 'Pegue a criança e saia da cidade'. Era a primeira vez que discutíamos. Eu tentava explicar a ele que nunca quis separar o meu filho do pai. Em nosso encontro sob uma árvore num jardim, enquanto nos abraçávamos forte pela última vez, não consegui responder à sua pergunta, 'E quanto a nós?'"

Eu sentia as lágrimas escorrendo dos meus olhos.

"Uma semana se passou. O que você está fazendo agora?"

Eu pensei um minuto antes de responder à voz a distância. Enquanto ela aguardava a minha resposta, eu pensava em como tinha conseguido viver uma semana longe do meu amor. Mas, infelizmente, mesmo sem querer avançar uma semana no tempo, eu tive de obedecer. Era muito estranho responder a perguntas e viver só alguns períodos de tempo! Eu não conseguia me lembrar dessa semana, assim como não tinha conseguido me lembrar dos períodos que ela tinha me forçado a pular e impedido de viver!

"Estou na casa do meu marido nos Estados Unidos!"

"Continue."

"É uma mansão em meio a uma área verde. Na nossa casa há criados e guarda-costas. Toda essa opulência e esse luxo me sufocam. Eu só queria uma casinha onde pudesse morar com o meu filho. Provavelmente é a primeira vez que olho o meu marido com interesse. Não sei se havia notado antes o quanto ele é atraente; no entanto, eu ainda me assusto quando me deparo com os seus olhos me fitando com admiração."

A mesma voz distante pergunta:

"O seu marido é uma boa pessoa?"

"Não, ele não é!", respondi sem perceber o que havia por trás dessa resposta.

"O que você está fazendo agora?"

"O meu marido me trouxe flores. Como sempre, é uma rosa vermelha. Eu odeio rosas!"

"Você não gosta de rosas?"

"Não gosto de nada que ele me dá. Especialmente a rosa vermelha que ele sempre me traz. Essa rosa me causa amargura."

"Continue explicando."

"Nessa casa, eu tenho um gabinete de trabalho. Quando não estou ocupada com o meu filho, passo o tempo livre à escrivaninha. Como não tenho nenhum trabalho no momento, estou aqui por outro motivo. Estou escrevendo um livro. Eu tinha esse projeto fazia muito tempo, mas não conseguia colocá-lo em prática por causa dos meus muitos afazeres. Agora era o momento perfeito. Esse livro não vai ser um romance comum. Nele estou revelando abertamente segredos que nunca contei a ninguém. Os nomes dos personagens são falsos e ele vai ser publicado um dia, mas a identidade do autor nunca será revelada."

Seguindo a ordem da mesma voz, saltei mais um ano de minha vida que eu nunca viria a conhecer. Sem saber como era possível, eu estava novamente com o homem que amava e que achei que nunca mais veria outra vez. Será que durante todos aqueles meses eu não tinha recebido nenhuma notícia dele? Como podíamos estar juntos outra vez?

Eu sabia que esse seria mais um ponto de interrogação que nunca teria resposta.

"Estou sentindo a alegria de encontrá-lo sem me preocupar onde esse relacionamento nos levará. No entanto, eu suspeitava que não tínhamos mais nada. Não sei onde consegui coragem, mas estamos planejando passar um fim de semana juntos. Fugir de tudo com o meu filho, como uma família de verdade."

"O seu marido vai deixar que você leve o seu filho?"

"Vai, eu disse a ele que iria para a França a negócios e que queria levar o meu filho comigo. Quando ele me disse que só me deixaria levá-lo se um guarda-costas nos acompanhasse, eu ameacei acabar com o nosso casamento. Isso bastou para convencê-lo. Fiquei surpresa ao ver que tinha conseguido não dar nenhuma pista de que estava mentindo. Eu devia me sentir culpada e envergonhada, mas estava feliz como uma criança que conseguiu pregar uma peça em alguém. Mas será que ele desistiria tão facilmente? Ele realmente confiava em mim a tal ponto? Na verdade, eu não estava nem interessada em saber a resposta para todas essas perguntas. Tudo o que eu queria era imaginar como seria essa viagem perfeita."

"Dez dias se passaram. Onde você está?"

"Estamos de férias. Talvez essa seja a primeira vez que eu me sinto feliz. Tudo foi exatamente como deveria ser. Jackie estava entre nós dois e passeávamos os três de mãos dadas, felizes como crianças. Quando o meu filho perguntou quem era aquele homem, eu disse, 'É o homem que eu amo!' Isso me deixou um pouco alarmada. Como eu podia falar aquilo para uma criança pequena? Mas o meu filho, lendo os meus pensamentos e querendo me tranqüilizar, disse, 'Eu o amo também!' Eu abracei o meu filho bem apertado e me debulhei em lágrimas."

A mesma voz ao longe me ordenou:

"Continue!"

"Esses dias maravilhosos se transformaram num pesadelo quando eu descobri que o meu marido nos mantinha sob vigilância. Sem nem ter chance de pensar no que fazer, deparei-me com o meu marido diante de mim. Ele me bateu com tanta violência que nem parecia um ser humano. Eu nem mesmo sentia dor. Não sei se porque achava que merecia ser espancada ou se me sentia vazia, sem alma. Enquanto o sangue escorria dos meus lábios, só um pensamento me ocorria: O que vai acontecer agora?

"O meu marido tirou o meu filho de mim como um monstro. Será que terei que pagar um preço tão alto pelos meus pecados?, pensei. Eu sabia que não tinha direito de pedir nada a Deus. Eu era uma pecadora. Era uma pecadora porque não tinha conseguido desistir do homem que amava e colocava em risco a relação com o meu filho. Será que eu não voltaria para casa para ver o meu filho crescer? Será que me separaria dele outra vez, depois de já ter me separado uma vez? Por que eu tinha de estragar tudo de novo?

"Eu não queria acusar o meu marido para aliviar a minha culpa. O fato de nunca tê-lo amado, de morrer de medo cada vez que ele me olhava e de não suportar nem mesmo o seu toque não eram razões para eu enganá-lo. Mas eu estava apaixonada. Eu não sabia mais o que pensar. Agora eu tinha de acertar as contas com a minha consciência. Deus sabia que eu não sentia remorso nenhum por tê-lo enganado. Eu só não queria ter feito o que fiz porque isso tirou o meu filho de mim.

"Quando se tornasse um rapaz, será que o meu filho me acusaria de ter crescido sem mãe por culpa minha? E eu diria a ele, 'Sim, meu filho, você está certo. Eu sinto muito'. Será que isso bastaria para que ele me perdoasse e traria de volta aqueles anos perdidos? Foi exatamente isso o que eu fiz. Eu o aprisionei a uma vida na orfandade e perdi para sempre a confiança e o amor que ele sentia por mim."

"O que você está fazendo agora?"

"Dois homens que eu não conheço estão me forçando a entrar num microônibus e me levando para longe. Eu não consigo me desvencilhar deles. Estou tão cansada... Ninguém responde às minhas perguntas, aos meus apelos,"

"Uma hora se passou. Onde você está agora?"

"Estamos todos no microônibus. Eu não sei bem onde estamos. Não conheço a região. Eles não falam comigo nem me ouvem."

"Meia hora se passou. Onde você está agora?"

"Estou muito assustada. Eles estão dirigindo em alta velocidade. Estamos numa estrada com muitas curvas fechadas. Ao lado há um precipício. É um lugar muito alto. Eu não consigo olhar para baixo. Eles parecem saber que eu tenho medo de altura; quando eu grito de medo eles só olham para mim e riem."

"Vinte minutos se passaram. Onde você está agora?"

"Num lugar muito silencioso. Eles simplesmente me jogaram num cubículo, numa casa em ruínas. É como se fosse um calabouço. A escuridão me apavora. A minha garganta está seca, tenho sede e ninguém quer me dar água.

"Por que estamos nesse lugar? O que eles estão esperando? O que vão fazer comigo? Eu estou desesperada, não sei o que acontecerá comigo. Ouço um telefone tocando. Então a verdade dolorosa chega aos meus ouvidos. Algo que a minha mente não quer aceitar no início. Eles prometem ao meu marido que vão me matar!"

"Continue."

"Eles me colocam de volta no microônibus. O meu sangue parece congelado nas veias, tão grande é o meu medo. Como sei que não adianta dizer nada a eles, eu peço que me dêem uma chance de me desculpar com o meu marido. 'Temos ordens de levá-la conosco. Temos de matar você', eles dizem.

"Eu peço a Deus que me ajude. Choro alto."

"Quinze minutos se passaram. Onde você está?"

"Estou no microônibus. Está escuro. Estão dirigindo feito loucos!"

"Vinte minutos se passaram. Onde você está agora?"

"Estou dentro do microônibus, em meio a uma mata virgem. Já estou conformada com o meu destino. Um deles tira do bolso uma tira de pano branco e venda os meus olhos. Eu só consigo pensar em meu filho.

É a linda imagem dele que me dá forças. Estou caminhando de encontro à morte. Ainda consigo dizer, 'Por favor, peça ao meu marido para não contar ao meu filho que estou morta. Não quero que ele fique triste, não quero que ele me odeie. Quero que ele espere por mim e imagine que eu voltarei um dia. Quero que ele saiba que eu voltarei um dia!"

"Senti o disparo da arma no silêncio da noite!"

Eu me sinto muito estranha. É como se o meu corpo estivesse separado de mim. Mas eu não posso acreditar que o corpo no chão, numa poça de sangue, pertença a mim. O que está acontecendo?

"Cinco minutos se passaram. Onde você está agora?", perguntou Kolet.

"Está muito escuro aqui. Estou observando o meu corpo morto, deitado lá embaixo!"

"Tudo bem, querida, esqueça essa pergunta e volte para nós outra vez."

Volte para nós! Volte para nós!

"O que ela quer dizer com isso? Por que ela disse, 'Volte para nós'? Onde eu estava na verdade? Eu sei por que Kolet está aqui. Sim, eu tenho consciência de tudo, só não consigo comandar o meu corpo, que está deitado inerte na cama. Era como se o meu espírito e o meu corpo lutassem para não se juntar. Era como se eu tivesse perdido a minha verdadeira identidade. Eu não conseguia dar sentido aos meus sentimentos e ao que estava sentindo nesse momento. Era como se eu retrocedesse e avançasse no tempo, oscilando entre Martine e Stella.

Bem, e quanto ao meu filho? Agora não havia apenas Jessica e Jeffrey! Havia o meu Jackie. Um pouco antes eu o tinha em meus braços e sentia o amor que ele tinha por mim. Como eu poderia supor agora que ele não existisse mais?

"Foi muito bom, Stella!", comentou Kolet. "Foi melhor do que eu esperava. Agora acabou, minha querida. Eu quero que você faça exatamente o que eu vou dizer. Tudo o que eu disser você vai fazer. Tudo bem?"

"Eu quero o meu filho, Kolet!", insisti.

"Quando a sessão acabar, nós três vamos falar a respeito de tudo o que aconteceu", ela disse, tentando me acalmar. "Eu entendo muito bem o que você está sentindo e a sua posição, mas, por favor, não chore mais."

Não chorar? Mas quem estava chorando? Será que eu não conseguia sentir que estava chorando?

"Ajude-me", pediu Kolet. "Quero acabar agora."

"Está bem."

"Quando tinha 31 anos, você foi assassinada por ordem do seu marido. O que você pensa disso?"

"Eu fiz muito mal ao meu filho."

"Você se sente culpada?"

"Sim, sou uma pecadora."

"Você realmente se sente assim?"

"Não sei. A minha cabeça está tão confusa! Na verdade, quando estive com ele eu nunca o enganei. Sempre fui fiel ao meu marido. Eu encontrei outro homem quando já tinha saído de casa. Já fazia muito tempo que eu queria acabar com o meu casamento, mas o meu marido não deixava; ele me ameaçava dizendo que eu nunca mais veria o meu filho. Como ele sabia que esse era o meu ponto fraco, usava isso para me prender. Mas eu não deixei o meu amado e não voltei para o meu filho? Por que você não me deixou viver aquele ano? Agora eu não sei o que aconteceu! Infelizmente, nunca vou saber!"

"Você se acha uma pecadora?"

"Sim! Não porque tenha enganado o meu marido, mas porque deixei o meu filho órfão. Porque eu fui a causa de tudo!"

"Bom, e quanto ao seu marido? O que você pensa dele?"

"Eu o odeio! Ele mandou me matar e privou o meu filho de mim. É por isso que eu o odeio."

"Você deu a ele outra chance para salvar o casamento?"

"Não pude. Ele era uma pessoa ruim. Era um assassino!"

"Você disse antes que ele era um bom marido e um bom pai. Ele não fez nenhum mal a você ou ao seu filho."

"Está certo, ele era bom conosco, mas só eu sabia o quanto ele podia ser cruel."

"Tudo bem, Stella. Agora eu quero que você se concentre no seu marido. No seu marido e no seu filho. Pense neles e se sinta próxima a eles. Imagine vocês três num cenário bem bonito. Agora vou dar a você uma luz. Distribua essa luz entre o seu marido, o seu filho e você."

"Está bem."

"Agora vou dar a você três buquês de flores. Dê um ao seu marido, outro ao seu filho e fique com o terceiro."

"Está bem."

"Agora desculpe o seu marido, Stella."

"Não! Eu nunca vou desculpá-lo!", eu gritei com raiva. "Por que eu deveria fazer isso?"

"Por favor, não se oponha. Faça o que eu disse."

"Não sinto vontade de fazer isso. Devo ser falsa? Devo mentir?"

"Sim, se necessário. Mas você tem de desculpá-lo."

"Está bem. Eu o desculpo."

"Diga isso a ele, não a mim. Volte-se para o seu marido e diga isso olhando nos olhos dele."

"Eu o desculpo!"

"Ótimo, agora quero só mais uma coisa. Quero que você o perdoe."

"Não! Eu nunca vou perdoá-lo!"

"Stella, por favor, não faça isso", pediu Kolet. "Eu sei o quanto é difícil para você, mas peço que confie em mim. Você não sabe quanto é importante que você diga isso.

"Eu vou terminar a sessão depois que você disser que o perdoa. Cabe a você pôr fim a esses pesadelos que está vivendo. Se não perdoá-lo, tudo terá sido em vão.

"Pense nisso. Agora temos de terminar a viagem astral que tanto você temia e que transcorreu tão bem. Como você vai pôr fim a tudo isso? Logo vou explicar como isso é importante. Se não fizer o que eu digo, tenho certeza de que vai se lamentar muito. Você não pode se deixar levar pelos seus sentimentos nem pelo seu atual estado de espírito. Vamos, diga. Eu quero ouvir você dizendo."

"Não, eu não vou perdoar o meu marido! Nunca! Eu direi isso na frente dele se for preciso. Eu não perdôo você! Não porque tenha me matado, mas porque deixou o meu filho sem mãe. Nunca perdoarei você! NUNCA PERDOAREI VOCÊ!"

"Tudo bem, Stella", disse Kolet, tentando mais uma vez me acalmar. "A sessão terminou. Tente mexer lentamente as mãos e os pés. Quando estiver pronta pode abrir os olhos."

"Kolet", eu disse baixinho, ao ser tomada por uma súbita preocupação. "Se eu abrir os olhos, não vou conseguir mais ver o meu filho?"

"Stella, por favor recomponha-se. Veja, Jessica está aflita."

• 173 •

Era a primeira vez que eu ouvia a voz de minha filha. A minha Jessica estava chorando.

"Mãe, por favor, se levante, eu lhe peço!", ela disse, "eu estou assustada de verdade, mãe. Estamos tocando as suas pernas. Eu estou segurando a sua mão. Será que não consegue sentir nada disso? Consegue nos sentir, mãe?"

Eu não conseguia sentir nada. Eu ouvia as vozes delas, mas não as sentia me tocando. O meu corpo era uma massa inerte e ainda não me pertencia. Eu queria dormir. Eu não sabia nem se tinha aberto os olhos ou não; só queria dormir. Eu estava exausta.

"Por favor, quero ficar em paz. Quero dormir."

"Não, Stella", disse Kolet, "eu não quero que você durma. Você tem que se levantar agora."

As vozes delas vinham de um lugar bem distante. O choro de Jessica me causava uma grande dor. Eu queria voltar por ela. Queria fugir dos meus pensamentos e me concentrar na minha vida e especialmente em Jessica. Seria bom se elas só me deixassem dormir um pouco.

A Lua parecia diferente. Era como se ela estivesse me chamando, com o seu brilho pálido.

Eu ouvi Kolet pedir a Jessica, num tom de voz preocupado, para que ela trouxesse uma bacia com água. As duas estavam em pânico. O tom de voz estridente de Kolet me deixou mais tensa ainda.

"Jessica, vou apoiar as costas da sua mãe e colocá-la sentada na cama. Você puxa as pernas dela para fora da cama. Ela precisa se levantar. Por favor, me ajude. Ao mesmo tempo vá respingando água no rosto dela, nos braços e nas pernas."

Depois Kolet me chamou:

"Stella, fale comigo! Diga o que quiser. Só não durma, está me ouvindo?"

"Não fiquem com medo, eu estou consciente", eu disse, tentando acalmá-las. "Só estou sonolenta."

Não era sonolência o que eu sentia, era como se a minha ligação com a vida estivesse cortada. Enquanto o meu corpo estava deitado ali na cama, eu ainda estava com o meu filho. Jessica estava chorando. Eu podia ouvi-la, mas Jackie chorava também. Ele estava dizendo, "Venha logo, mamãe, estou esperando você".

Jessica já era uma jovem madura, mas Jackie era só um garotinho. Ele precisava de mim. Logo eu teria a minha filha nos braços e diria: "Não chore, meu anjo, eu estou aqui com você". Mas eu nunca mais teria Jackie em meus braços. Não poderia dar a ele o meu amor e tê-lo em meus braços! Eu estava presa entre duas vidas! As minhas duas vidas e os meus três filhos! E também havia esse lugar bonito e cheio de paz que irradiava luz!

"Stella, abra os olhos", Kolet ordenou. "Você está entrando numa situação perigosa. Pense nos seus filhos. Pelo bem deles, por favor, nos ajude. Volte para nós!"

"Não posso, Kolet, o meu Jackie está chorando. Ele está me chamando, eu não posso voltar! Eu ouço a voz do meu filho! Ele está chorando!"

Mas o meu filho nunca chorava! Não deixavam que ele chorasse. O pai estava tentando fazer de Jackie um homem tão duro quanto ele mesmo. Sempre que eu conseguia ficar sozinha com o meu filho, eu o envolvia no meu amor e dizia que ele podia chorar quando quisesse.

"Não, mãe. Eu não posso chorar, papai vai ficar bravo", ele dizia, cheio de medo.

Ele também tinha medo do pai. Era tão pequeno e indefeso! E agora estava sozinho com ele. Eu o deixei sem mãe para satisfazer a minha ânsia por felicidade e os meus desejos. Ele estava completamente sozinho com o pai! O meu filho iria crescer com medo. O meu filho! O pai provavelmente o educaria para ser como ele mesmo.

Um pouco depois eu senti que estava me afastando de Jackie. Achei que estava voltando assim como Kolet mandou. Eu estava voltando para a vida onde Jessica e Jeffrey estavam presentes. Enquanto a imagem do meu filho desaparecia lentamente, eu rezava por ele com todo o meu coração. Eu queria que o meu filho, que para sempre viveria no meu coração, nunca ficasse como o pai. Pedi a Deus para que ele se tornasse um ser humano bom, honesto, corajoso e cheio de amor.

12

Depois de alguns minutos eu comecei a me sentir bem melhor. Assim como um bebê descobria a si mesmo, eu olhava as minhas mãos com um olhar vazio, enquanto mexia os dedos. Jessica me olhava com um olhar surpreso. Kolet estava me ajudando a levantar. Com a ajuda das duas, eu consegui chegar até a sala de estar. Elas me sentaram na poltrona.

Eu não conseguiria explicar o que estava sentindo naquele momento. Era como se estivesse em meio a um grande vazio. Quando me forcei a pensar sobre certas coisas, só o meu filho vinha à minha mente. Jackie, cuja existência e amor eu sentia no coração, teria nove anos a mais do que eu, se estivesse vivo.

"Como está, mãe?", perguntou Jessica. "Está se sentindo bem?"

"Estou bem, querida, não se preocupe. Só um pouco cansada."

"Jessica, vamos deixar sua mãe um pouco sozinha", disse Kolet. "Seria bom se você fosse nos fazer um café. Todas nós estamos precisando."

"Kolet, há tantas coisas que eu gostaria de lhe perguntar. Você pode me responder? Eu não sei, mas preciso descobrir."

"Há muito para conversarmos, Stella, mas primeiro faça as suas perguntas."

"O meu filho está vivo?"

"Não sei, mas posso tentar descobrir e dizer a você."

"Nesse caso, por favor, descubra. Eu preciso saber agora mesmo."

"Não", negou Kolet. "Não pode ser hoje. Eu estou muito cansada. Eu lhe darei a resposta num outro dia."

Quando Jessica voltou com o café, eu percebi o quanto ela tinha chorado.

"Querida, venha se sentar ao meu lado", pedi.

"Você está bem melhor, não está, mãe?"

"Sim estou muito melhor, não se preocupe."

Quando eu ia começar a fazer perguntas, reparei que ela também queria falar. Deixei que tomasse a palavra.

"Kolet, se quisermos, podemos pesquisar a vida anterior da minha mãe, não podemos? Quem sabe o marido e o filho dela estão vivos?"

"Isso é algo muito sério, Jessica, e só a sua mãe pode tomar essa decisão. Se ela quiser, é claro, podemos pesquisar. Com certeza deve haver registros do assassinato da esposa de um ministro.

"Mesmo que essa morte tenha sido encoberta, deve ao menos haver notícias sobre o desaparecimento dela. Mas eu acho um pouco cedo para falarmos sobre isso. Também não sei se essa pesquisa seria a coisa certa a fazer. Talvez o melhor fosse esquecer tudo e viver esta vida em paz e harmonia."

"Eu notei uma coisa", disse a minha filha. "Você não perguntou o sobrenome da minha mãe. Mas agora entendo por quê."

"Se eu perguntasse o sobrenome, a pesquisa ficaria muito mais fácil. É por isso que eu não quis perguntar."

"Outra coisa me chamou a atenção. Você passou muito rápido o período posterior à morte da minha mãe. O que aconteceu depois da morte dela? Eu queria que ela tivesse falado sobre isso também."

"A dor da morte só se sente uma vez", explicou Kolet tomando um gole de café. "Não temos o direito de fazê-la reviver essa dor. Isso é só um detalhe para mim. Eu já descobri muito mais do que eu queria. Como todas as peças do quebra-cabeça já estavam encaixadas, eu quis terminar a sessão o mais rápido possível."

"O que você quer dizer com 'as peças do quebra-cabeça já estavam encaixadas'?" Agora era a minha vez de perguntar. "Você acha que atingimos nosso objetivo fazendo essa viagem astral?"

"Acho", respondeu Kolet. "É exatamente isso o que eu penso."

"Isso me deixa feliz, Kolet, espero que tenha razão. Como sabe, você era nossa última esperança."

"Sim, eu sei. Essas últimas horas foram muito positivas. Podem ter feito você sofrer e ficar confusa, mas de agora em diante você vai viver em paz, sabendo que não voltará a viver aqueles acontecimentos inacreditáveis. Isso faz com que tudo tenha valido a pena."

"Eu não estou entendendo nada! Principalmente a razão por que você me fez desculpar o meu marido e por que insistiu para que eu o perdoasse."

"Antes de tudo, quero que você saiba uma coisa, Stella. O seu marido morreu exatamente há onze anos atrás! Foi quando ele morreu que todas essas coisas estranhas começaram a acontecer na vida de vocês!"

A minha mente estava totalmente confusa. Era como se eu soubesse o que estava acontecendo, mas não conseguisse assimilar. Jessica tinha ficado muito assustada com o que tinha ouvido e agora estava sentada bem próxima a mim, como um gato assustado. Ela tinha a cabeça em meu ombro e a mão sobre a minha.

"Você está dizendo que o espírito do meu marido está fazendo todas essas coisas?", perguntei.

De repente, algo em que pensei me pôs de pé, embora antes eu estivesse me sentindo tão fraca que mal conseguisse me levantar. Kolet não precisava mais responder às minhas perguntas. Fiquei chocada quando consegui encaixar mentalmente a última peça do quebra-cabeça.

Enquanto eu gritava "Ai, meu Deus, não pode ser!", eu sentia a minha cabeça dando voltas; estava a ponto de enlouquecer.

"As rosas vermelhas! As mesmas rosas vermelhas que o meu marido costumava me dar! Aquelas rosas vermelhas que eu encontrei dentro de casa ano após ano! Todas elas pertenciam a uma só pessoa! Aquelas rosas vermelhas que eu sempre odiei, nas minhas duas vidas, vieram todas do mesmo homem!"

Eu já não conseguia mais ficar de pé. Desabei no sofá, enquanto Jessica chorava e Kolet assentia com a cabeça.

"Isso mesmo, Stella. Porque o espírito do seu marido, por tudo o que ele fez a você, nunca conseguiu encontrar paz."

Enquanto Kolet me explicava essas coisas, ela segurava numa mão uma pequena esfera de cristal e na outra um objeto que eu não conseguia identificar. Ela respondia a todas as minhas perguntas depois de pensar um pouco, evitando olhar para mim. Era óbvio, pela expressão facial, que ela estava em transe.

"Me dê só alguns minutos. Quero que vocês duas fiquem em silêncio. Eu sei quais são as perguntas que tanto querem fazer. Vou respondê-las uma a uma. Quando eu estiver falando, por favor, não me interrompam. Só quero que me dêem alguns minutos."

Ficamos em silêncio, observando Kolet. Os olhos dela estavam fechados. Ela girava na mão a esfera de cristal e falava consigo mesma numa voz rouca. Na verdade, ela não parecia estar falando consigo mesma, mas respondendo às perguntas que tinha feito antes. Depois de alguns instantes, as respostas pelas quais tanto ansiávamos começaram a chegar, uma após a outra:

"O seu marido nunca conseguiu ser feliz depois da sua morte. Até morrer, ele viveu martirizado e cheio de remorso por ter mandado matá-la. O amor por você nunca acabou, mas ele não conseguia perdoá-la nem se perdoar. Mesmo depois de morto, o espírito dele nunca encontrou paz nem equilíbrio. Eu queria que você o desculpasse e lhe desse o seu perdão. Você deveria desculpá-lo porque foi você que o forçou a matá-la e foi também a razão por que ele se tornou um assassino. Você devia tê-lo perdoado porque, ao mandar matá-la e deixar o filho órfão de mãe, ele já arcou com as conseqüências do que fez, vivendo uma vida de dor e sofrimento. Você devia tê-lo perdoado, Stella. Você deveria ter feito isso para que o espírito dele ficasse em paz. Com o espírito dele em paz, a sua vida atual voltaria ao normal e ele desistiria de torturar você."

Agora eu entendia por que Kolet tinha insistido tanto, minutos antes, para que eu perdoasse o meu marido. Eu me lembrava muito bem do que ela havia dito: "Confie em mim. Se você não fizer o que estou dizendo, vai se arrepender depois." No entanto, quando ela me disse isso, eu me sentia perdida. Estava agindo de acordo com os pensamentos de Martine e não com os de Stella. Não era eu que me recusava a perdoá-lo, era Martine!

"Em outras palavras, você está me dizendo que eu estraguei tudo, Kolet?", eu perguntei preocupada.

"Não, a situação não é tão ruim assim. Você deu a ele um buquê de flores e lhe irradiou luz. Você o desculpou. Agora temos de dizer a ele que você o perdoou."

"Isso adiantaria? Será possível?"

"Sim, adiantaria, eu vou ajudá-la. Eu só quero que você repita constantemente que o perdoa. Não agora apenas, mas nos próximos dias também. Eu também gostaria que você fizesse isso por escrito."

"Não entendo, Kolet", eu disse intrigada. "Por que tenho de escrever também e onde deveria escrever?"

"Escrever é mais eficaz. Imagine que está escrevendo uma carta para o seu marido e que ele vai lê-la. Você poderia escrever tudo o que tem vontade de dizer, mas tem de acrescentar que o perdoa. Faça isso várias vezes. Isso é muito importante, Stella."

"Bom, e quanto tempo isso vai durar? Como vou saber que o espírito dele está em paz?"

"Vai ser fácil descobrir. Quando ele ficar em paz, isso vai se refletir na sua casa e todos os seus problemas vão ter fim. Desse jeito uma importante questão vai chegar a uma conclusão!"

"Mãe, você vai fazer isso, não vai?", Jessica perguntou ansiosa.

Jessica, que nos ouvia em silêncio, olhava para nós preocupada. Acho que ela tinha medo de que eu continuasse insistindo em não perdoá-lo.

"Vou, é claro que vou. Eu farei tudo o que for necessário para que a nossa família volte a viver com a mesma paz e alegria de antes. Você vai ver, meu amor, muito em breve tudo vai voltar a ser como era. Eu acredito plenamente nisso. De agora em diante, não vamos ter nada a temer quando acordarmos de manhã."

Eu podia ver o quanto Kolet estava cansada só de olhar para ela. Mas se dependesse de mim, eu ficaria a noite toda conversando. Eu ainda tinha tantas perguntas!

"Kolet, existe mais alguma coisa que eu possa fazer?"

"Não, basta escrever muitas cartas. Não há mais nada que você possa fazer. Como você disse, em breve tudo vai ficar bem. Tenho certeza disso assim como você tem. Eu vou ficar aqui na ilha por mais duas semanas. Quero vê-la mais uma vez antes de partir."

"No nosso próximo encontro, você poderá me dizer se o meu filho está vivo ou não?"

"Sim. Nesse dia responderei a todas as suas perguntas. Não quero nenhum ponto de interrogação na sua cabeça. Mas agora, por favor, não me pergunte mais nada. Estou muito cansada e quero ir para casa descansar. Você trouxe as fotografias que pedi?"

"Trouxe. Elas estão na minha bolsa. Eu trouxe fotos de toda a família, como você pediu. Como você preferia fotos das pessoas de pé, eu selecionei algumas."

"Vamos nos encontrar na semana que vem. Até lá eu descobrirei tudo sobre você e poderei responder a todas as suas perguntas."

"Kolet, você poderia me dizer o que é essa luz que eu considero o meu anjo?"

"Eu acho que já sei o que é", ela disse com um sorrisinho. "Mas quero ter certeza. Podemos ir agora?"

A temperatura tinha abaixado e a noite estava um tanto fria. Buyukada, onde eu tinha chegado algumas horas antes cheia de medos e incertezas, era agora um lugar que eu deixava com sentimentos que não conseguiria descrever. Na balsa, sentamo-nos mais uma vez na parte externa. Mais do que nunca, eu sentia uma necessidade incrível de respirar ar fresco e sentir o cheiro de maresia.

Dentro de mim, fervilhava o desejo de encontrar o meu filho e vê-lo mais uma vez. Pensei que a vontade de gritar e chorar era só da minha filha. Nós estávamos de mãos dadas e as lágrimas escorriam pelo meu rosto. Jessica parecia perdida em pensamentos.

Despertamos dos nossos devaneios com a voz de um homem vendendo chá. Depois de bebericar o chá, foi Jessica quem quebrou o silêncio:

"Mãe, você reparou? Na sua vida anterior você tinha características parecidas com as que tem hoje."

"Por exemplo?"

"Você não sabe como fiquei tocada ao ouvir você dizendo: 'Eu só queria uma casa acolhedora para viver em paz com o meu filho.' Mesmo naquela época, ser rica não era tão importante para você quanto ter uma família feliz. Em outras palavras, não há dúvida de que Stella e Martine têm muitas semelhanças."

A minha filha tinha entendido a correspondência entre os acontecimentos que vivi!

O celular tocou e interrompemos nossa conversa. Era Selim. Ele também estava curioso para saber o que havia acontecido e queria saber quando chegaríamos.

• *181* •

"A sua voz está estranha, Stella. O que aconteceu? Me diga!"

"Não estou mesmo me sentindo muito bem, querido. Mas se quiser, passo você para Jessica. Você pode conversar com ela."

"Não precisa. Logo vamos nos encontrar e aí você me conta o que aconteceu. Enquanto isso, fico esperando vocês aqui no ancoradouro."

Quando saímos da balsa, Selim estava esperando por nós. À medida que me aproximava dele, os meus passos foram ficando mais rápidos. Acho que tudo o que eu queria era poder chorar em seus braços.

Embora eu quisesse ir para casa e dormir o quanto antes, eu tinha prometido passar na casa de Mary. Mary era uma grande amiga. Ela sempre estava ao meu lado, quando eu tinha um problema. Não importava o quanto eu estivesse cansada, não poderia deixar de contar tudo a ela.

No caminho, Jessica contou resumidamente tudo o que tinha acontecido. Eu não abri boca. Só queria pensar e não falar nada.

Quando chegamos na casa de Mary, foi Jessica que contou tudo. Enquanto eu fumava um cigarro na varanda, era como se ainda estivesse na França com o meu filho. Quando entrei, um pouco depois, senti os olhares se voltarem para mim.

"Você quer conversar um pouco?", Mary perguntou.

"Não, não estou com disposição para falar. Só quero voltar para casa e ir para a cama o quanto antes."

"Tudo bem, vá então. Durma bem. Amanhã passo na sua casa. Se quiser, então, poderemos conversar."

Finalmente, quando me deitei na cama, embora quisesse muito dormir, não consegui conciliar o sono. O meu coração disparou. Às vezes ele batia tão devagar que parecia querer parar e outras vezes batia depressa como se fosse sair pela boca. Jackie não saía da minha cabeça, nem um segundo sequer, e a voz dele me chamando ainda ecoava em meus ouvidos.

Até aquele dia, eu nunca tinha acreditado em reencarnação. Eu só tinha ouvido falar a respeito, visto alguns filmes e lido algumas reportagens sobre o assunto. Eu costumava pensar que era tudo bobagem, mas agora, por mais inacreditável que fosse, eu tinha evidências de que ela era uma realidade. Embora o meu coração soubesse que Jackie era o meu filho, a minha lógica ainda não queria aceitar isso.

Nesta vida eu tinha dois filhos que tinham nascido de mim: Jessica e Jeffrey. Jackie pertencia à minha vida passada. Se seguisse a lógica, eu podia ver facilmente os fatos, mas o meu coração batia pelo meu terceiro filho. Eu tinha dado à luz essa criança e a amava imensamente. Desde o minuto em que o vi, o meu amor e a minha saudade transbordaram. Os meus sentimentos estavam a ponto de vencer a minha lógica.

Selim não tinha falado nada até então para que eu pudesse descansar. Mas, quando percebeu que eu não conseguia dormir e que estava chorando, ele se levantou, acendeu a luz e deitou-se ao meu lado.

"Vamos, querida", ele disse cheio de compaixão, "me abrace".

"Selim, estou a ponto de ficar louca", eu disse cheia de dor. "Eu quero encontrar o meu filho, quero vê-lo."

"Já é muito tarde, Stella. Você também está cansada. Eu gostaria que você dormisse um pouco. Podemos conversar sobre todas essas coisas amanhã."

"Pode dormir se quiser, eu não consigo."

"Olhe, amor", disse o meu compreensivo marido, "quero que saiba que, seja qual for sua decisão, eu estarei ao seu lado até o fim."

Eu o abracei forte, ao ver o quanto ele era compreensivo. Eu sabia que todo mundo riria do que eu passei e diria que tudo não passava de "maluquice". No entanto, o mais importante era que Selim e os meus filhos estavam ao meu lado.

"Eu sei a que decisão você está se referindo. Mas eu não posso tomá-la sozinha. Eu preciso, mais do que nunca, do seu apoio e da sua ajuda."

"Nesse caso, temos de conversar muito a respeito. Vamos conversar sobre todos os detalhes e probabilidades. Depois tomaremos uma decisão, está bem?"

"Está bem, querido."

"Se quiser, podemos começar pelo mais básico. Vamos supor que você tenha visto um filme sobre reencarnação e isso tenha influenciado muito você. Coloque-se no lugar do herói do filme e imagine que o papel dele no filme é a sua vida. Depois pense em tudo isso como se fosse uma fantasia, não fosse realidade, como se a sua imaginação estivesse pregando uma peça em você. Depois você tenta sair do filme."

"A experiência que eu tive não foi imaginação nem um filme, Selim. E eu não posso reduzir isso a uma simples fórmula. Você não pode me pedir que faça isso. Eu ainda sinto o calor do corpo de meu filho. Será que você não entende?"

"Claro que eu entendo, querida. Eu só dei uma sugestão de uma das coisas que poderíamos fazer. Agora vamos supor que a nossa decisão tenha sido procurar o seu filho na França. Podemos ir para a França e fazer uma investigação; se necessário podemos até contratar um detetive. Se nada der certo e não conseguirmos achá-lo, teremos de tentar esquecer tudo isso e voltar para casa. É claro que também podemos supor que tenha achado o seu filho."

Selim me olhou de um jeito sério.

"Nesse caso, o que vai acontecer, Stella? Você pode olhar para um homem nove anos mais velho do que você e dizer 'Sou sua mãe'? Ou se disser que deu à luz a ele quando o seu espírito estava em outro corpo, até que ponto ele acreditaria em você? E se ele disser 'Essa mulher é louca!' e mandá-la embora? Já pensou nisso? Como você pode provar a ele que tudo isso é verdade?"

"Eu não sei. Tudo o que você está dizendo é verdade. Eu já pensei em tudo isso nessa última hora, mas simplesmente não posso ficar sem o meu filho, Selim. Não posso."

"Vamos, querida, vamos dormir. Falaremos sobre isso amanhã. Você também disse que Kolet ainda vai lhe dizer algumas coisas. Depois de falar com ela, tomaremos uma decisão."

Selim apagou a luz, desejou-me boa noite e caiu no sono. Ele tinha tanta razão no que dissera!

Ah, meu Deus, em que situação mais difícil eu estava!

Eu oscilava entre o desespero e a indecisão. Peguei Mandy, que dormia nos pés da cama, e abracei-a bem apertado. Ela era a minha amiguinha, que lambia as lágrimas que escorriam pelo meu rosto, como se dissesse, "Não se preocupe". Os seus olhares amorosos me relaxaram um pouco. Eu tentei dormir, com a esperança de ver o meu pequeno Jackie pelo menos em sonho.

Combinamos de encontrar Kolet na ilha, uma semana depois. Eu decidi não falar com ninguém a respeito até que o dia chegasse. Embora eu estivesse tentando viver a minha vida normalmente, o rosto de Jackie não saía da minha cabeça. Nesse meio tempo, assim como Kolet me aconselhara, eu escrevi cartas regularmente para o meu marido, dizendo que o perdoava e que ele poderia descansar em paz. A minha única esperança era que essas palavras chegassem até ele.

Uma semana se passou e, no dia seguinte, eu e Jessica iríamos para a ilha. Para não correr o risco de esquecer, anotei algumas perguntas num papel. Eu não queria que restasse nenhuma dúvida na minha cabeça.

Pela manhã, acordei com Mandy e Blacky rodeando a minha cama. Tudo o que elas queriam era ter liberdade para brincar e para dormir onde queriam. Era tão bom ver o jeito despreocupado e descontraído delas! Era por causa delas que eu conseguia iniciar o dia com disposição e com um sorriso no rosto. Mandy era a princesinha aristocrata da casa. Blacky era sua filhinha mimada e travessa. Eu não poderia nem sonhar em viver sem elas.

Quando chegamos à casa da prima de Kolet, era quase meio-dia. Dessa vez não iríamos à casa da minha irmã; conversaríamos ali mesmo. Como a prima de Kolet também era minha amiga, poderíamos conversar na presença dela. Depois de falar sobre o tempo e outras amenidades, Kolet se voltou para o nosso assunto principal:

"Você escreveu as cartas que pedi, Stella?"

"Escrevi. Praticamente todos os dias."

"O que você pensou nessa última semana? Ainda está disposta a procurar o seu filho?"

"Ele está vivo, Kolet?"

"Está. O seu filho está vivo e mora na França."

Eu não consegui controlar as lágrimas que brotavam dos meus olhos. O meu Jackie estava vivo! Quem sabe conseguiria encontrá-lo, se o procurasse?"

"Você tem certeza disso, Kolet?"

"Tenho", ela confirmou com uma atitude confiante. "Na verdade, tenho certeza absoluta."

"Por favor, diga-me o que você sabe a respeito disso. Eu quero saber de tudo."

"Ele está muito bem e perfeitamente saudável. Não esqueceu você e ainda a ama."

Eu agora chorava abertamente. Dentro de mim, eu sentia grande urgência em vê-lo. Eu tinha de vê-lo, não importava a que distância ele estivesse.

"Kolet, você pode me dar provas de que ele ainda pensa em mim e me ama?"

"A prova disso é a experiência que você está vivendo, Stella. Essa luz que você vê no seu ombro esquerdo."

"Essa luz que me dá paz e contentamento, especialmente nos meus piores momentos, é a prova?"

"É, Stella. O que você vê como uma luz é a energia que o seu filho manda para você. Você vê essa luz quando ele pensa em você."

"Desde o início, eu sentia que havia uma pessoa dentro da luz. Kolet, eu não posso acreditar que isso seja verdade! Como pode haver esse tipo de comunicação entre o meu filho e eu? É tão difícil acreditar!"

Kolet tinha entrado em estado de transe. Eu não saberia dizer o que ela estava fazendo. Eu só esperei em silêncio para não incomodá-la.

"Stella, não posso dizer isso a você neste momento. Acho que em três dias você poderá ter absoluta certeza de que o seu filho está vivo e que ainda pensa em você."

"Está falando sério, Kolet? Bem, e como isso vai acontecer?"

"Não posso dar uma resposta completa agora. Pelo que eu sei, algo interessante vai acontecer a você. Você vai passar por uma experiência incomum que pode parecer impossível. Nada de ruim vai acontecer, por isso não fique assustada. O que vai viver, você pode considerar uma mensagem do seu filho."

Eu não podia acreditar no que estava ouvindo. Eu mal podia esperar por aquele momento, quando eu me tornaria uma pessoa completa, junto de meu filho. As perguntas que eu tinha anotado para fazer a Kolet haviam perdido a importância.

Eu pedia a Deus para que tudo que Kolet tinha afirmado de fato acontecesse. Isso era tudo o que eu queria.

"Mãe, quero ficar o tempo todo junto de você nos próximos dias. Estou curiosa para saber o que vai acontecer!"

"Isso não será possível, querida. Você tem de ir à faculdade e eu vou trabalhar. Você só vai poder estar presente se essa experiência acontecer à noite."

"Stella, você está pensando em procurar o seu filho?"

Eu contei a Kolet sobre a conversa entre mim e Selim. Eu disse que tínhamos levado em conta todas as possibilidades e detalhes e estávamos esperando esse dia para tomarmos a nossa decisão.

"Se quiser, espere mais três dias. Acho que você devia pensar um pouco mais depois de receber notícias do seu filho."

"O que você acha que eu devo fazer, Kolet?"

"Só você pode decidir, Stella."

"Bem, se eu procurar por ele, será que vou conseguir encontrá-lo? Como não sei o seu sobrenome, não vai ser nada fácil."

"Se você decidir procurá-lo, eu posso ajudá-la. Logo que eu voltar a Paris, posso começar a procurar."

"Depois que eu conversar com Selim mais uma vez e tomarmos a decisão final, falarei com você. Você sabe, Kolet, mesmo que eu encontre o meu filho, será difícil dizer a ele quem eu sou. Ele não vai acreditar em mim. Eu realmente não sei o que vou fazer."

Mais uma vez me perdi em devaneios. Enquanto a minha mente avançava e retrocedia no tempo, oscilando entre as duas vidas, algo me sobressaltou. Será que tinha sido o que pensei? Eu gostaria de saber.

"Kolet, eu pedi que o meu filho me esperasse porque eu voltaria um dia. E pedi que os meus assassinos não contassem a ele sobre a minha morte. Você se lembra, não é?"

"Claro que me lembro. Por que está perguntando? O que tem em mente?"

"Não se preocupe, Kolet, esqueça o que eu disse, por favor!"

❦

Dois dias tinham se passado depois da minha conversa com Kolet. Nesse dia, comecei a trabalhar às nove da manhã, como de costume. Quando cheguei, a minha colega de trabalho já estava na loja.

Oznur era uma menina muito meiga. Durante as horas de trabalho, era muito disciplinada e respeitosa. Mas, quando não havia clientes na loja, conversávamos como duas amigas. Sentávamos as duas numa grande escrivaninha e eu apoiava as costas numa porta de correr que dava para uma pequena cozinha. Também usávamos essa cozinha quando queríamos fumar.

Esse dia estava monótono. Eu gostava tanto do meu trabalho que, nos dias de pouco movimento, eu me sentia triste. As manhãs costumavam ser calmas. Nós duas ficávamos fazendo palavras-cruzadas.

De repente, eu vi a luz no meu ombro. A paz e o contentamento que eu costumava sentir quando via a luz, nesse dia se transformaram em absoluta felicidade. Era maravilhoso pensar que o meu filho estava pensando em mim. Eu nem sequer ouvia o que Oznur estava me dizendo. Eu estava irradiando a mesma luz para o meu filho e rezando para que ele também percebesse a minha luz e sentisse a mesma felicidade que eu estava sentindo.

"Stella, olhe a caneta sobre a mesa. Está se mexendo!"

Oznur gritou e eu olhei para a minha caneta. Embora não estivéssemos tocando a mesa, a caneta se movia por vontade própria. Fazia movimentos como se estivesse escrevendo algo. Eu continuei olhando, enquanto as lágrimas fluíam dos meus olhos.

Eu tinha certeza de que a caneta estava escrevendo algo. As notícias que eu esperava estavam chegando. Era como se o meu filho estivesse tentando me dizer algo.

De repente a caneta começou a flutuar. Oznur estava em choque e eu chorava. A caneta fazia movimentos lentos. Podíamos até segui-la pelo ar. O que antes era uma caneta subitamente se transformou numa luz brilhante que ofuscou os meus olhos.

Depois de ficar alguns segundos diante de mim, ela começou a subir e passou pela minha cabeça. Quando a senti tocando os meus cabelos, procurei não me mexer para não atrapalhar os seus movimentos. Eu nem sequer respirava para não estragar o momento. Em seguida vi a caneta entrando entre as frestas da porta de correr, atrás de mim.

A previsão de Kolet estava acontecendo. Agora eu não tinha mais dúvida do amor do meu filho e de quanto ele tinha saudade de mim. Eu estava satisfeita com aquela mensagem de amor, na forma de gritos silenciosos.

Naquele momento, percebi que Oznur estava correndo para fora da loja, em pânico. A pobre moça só gritava, "Ai, meu Deus! Ai, meu Deus!"

Ela não deve me ver nessa calma quando voltar, eu pensei. Depois de uma coisa dessas, eu também tenho de parecer assustada. Embora estivesse na mais profunda paz e contentamento, eu tinha de fingir. Tinha de fazer isso para que ela não suspeitasse de nada.

Quando Oznur voltou da rua, toda esbaforida, eu me levantei na hora. Eu estava me preparando para dizer algo, quando fui surpreendida pela pergunta da moça:

"Stella, você tem gênios?"

Sem saber o que dizer, simplesmente tentei não levar a pergunta a sério.

"Claro que tenho, Oznur! Todo dia quando venho trabalhar eles ficam em casa, entediados, então hoje resolvi trazê-los comigo. Pelo amor de Deus, menina, não seja ridícula! Eu não sei de onde você tirou essa idéia idiota!"

"Não é uma idéia idiota, Stella! Eu tenho certeza de que você tem gênios, porque uma vizinha me explicou. Eles tinham gênios e já passaram por esse tipo de coisa. É por isso que eu sei que você tem também!"

Eu neguei tudo, porque não podia explicar a ela os fatos. Com a desculpa de que ia comprar um refrigerante, eu saí da loja. Eu não via a hora de o expediente acabar. Tudo o que eu queria era ir para casa e ficar sozinha.

Acho que esse foi o momento da minha vida em que eu mais quis ficar sozinha. Eu queria pensar em tudo o que tinha acontecido e sentir o meu Jackie. Agora eu tinha certeza de como a comunicação entre nós era forte e, naquele momento em particular, eu estava certa de que ele ia me mandar a sua luz. Eu queria ficar sozinha, senti-lo no meu ombro e viver a experiência de estar com ele.

Por que uma caneta e não outro objeto? Tudo parecia bem mais claro. Eu era capaz de responder às minhas próprias perguntas.

Tinha de ser uma caneta e nada mais! Colocar tudo isso no papel corresponderia a escrever a carta que finalmente acertaria as contas entre o meu marido, Jackie e eu.

Essa era a mensagem que a luz de Jackie tinha me transmitido!

EPÍLOGO

A minha vida e a vida da minha família finalmente encontraram paz e equilíbrio. No entanto, na minha cabeça ainda havia perguntas sem resposta.

A luta de muitos anos para livrar as nossas vidas daqueles misteriosos acontecimentos finalmente chegou ao fim. As minhas preces foram atendidas e, em resultado da minha viagem astral, eu e os meus filhos da vida atual ficamos protegidos. Além de todos os benefícios que resultaram da minha decisão de encarar os fatos, eu também estava consciente das coisas que tinha perdido.

A entrada do meu terceiro filho na minha vida foi extremamente repentina. Sim, eles o arrancaram da minha vida, mas essa nunca foi a minha vontade. Agora, como eu poderia esquecer a minha vida anterior? A imagem dele não me saía da cabeça. O seu carinho e profundo amor no meu coração eram coisas de que eu me lembrava constantemente, então como eu poderia descartá-lo da minha memória e do meu coração?

Mais uma vez, entraram na minha vida por meio de uma passagem secreta e mudaram a direção das setas. Era como se a vida estivesse brincando comigo. Enquanto uma seta apontava para uma direção, a outra me mandava voltar! Eu não conseguia me decidir e ficava presa na encruzilhada!

Havia coisas belas dos dois lados da cerca. Dos dois lados, eu tinha filhos. Quando eu seguia em frente, tinha certeza de que Jessica e Jeffrey estavam de braços abertos me esperando. Disso eu não tinha dúvida. Mas e se eu voltasse para trás? O meu Jackie saberia que eu tinha voltado para ele? O amor que eu tinha por ele, embora ele não tivesse nascido do meu corpo atual, seria capaz de fazê-lo acreditar que ele fazia parte do meu espírito? Ele seria capaz de se lembrar e de acreditar quando eu lhe contasse dos tempos em que eu esperava por ele no jardim-de-infância, das doces lembranças da nossa casa nos Estados Unidos e da última viagem que fizemos juntos?

E o mais importante: eu seria capaz de unir as minhas duas vidas e os meus três filhos?

Mesmo que a minha mente e o meu espírito saíssem da vida de Martine e encontrassem um lugar na vida de Stella, não seria a mesma coisa. Mas por meio de nossos novos amores e de uma nova vida, e até mesmo de certos erros, o coração dela bateria no meu corpo e os seus pulmões absorveriam o ar dessa nova vida. As dezenas de acontecimentos cujo sentido, de início, eu não pude encontrar, eram na verdade a última peça das milhares que não tinham se encaixado no quebra-cabeça da minha vida.

Depois de todos esses acontecimentos intrigantes eu vi a figura aparecer, quando encaixei a última peça. Eu não podia deixar nenhuma sentença pela metade, nem de pôr todas as vírgulas necessárias nesse pequeno hiato da minha vida, preso entre o passado e o presente. E eu tinha de pôr os pontos finais nos lugares certos.

Sim, se cada pessoa deste mundo tem sua figura, eu tinha o direito de ver a que me fora destinada, especialmente depois de tanta luta. Eu queria olhar para essa figura e ver as cores que nela foram usadas. Mas eu não tinha muito tempo para fazer isso.

Temporariamente, eu teria de congelar a minha vida no presente. Por isso, reservei um lugar no avião e assumi o papel que eu tinha na minha vida anterior. Não era minha intenção optar por essa minha vida passada em detrimento da atual. Eu não tinha dúvida de que ia voltar. Talvez sozinha, talvez com o meu filho, mas eu definitivamente iria voltar. E eu queria viver essa experiência sozinha.

Nas primeiras horas da manhã, quando todos estavam dormindo, eu saí de casa deixando um bilhete:

PROMETI AO MEU FILHO!

Agradecimentos

Quero agradecer...

Ao meu querido marido, Selim, que sempre me apoiou.

Ao meu anjinho Jessica, que é a fonte da minha felicidade e da minha disposição, e por quem eu não hesitaria em dar a minha vida e cuja presença me traz profunda paz.

Ao mentor da nossa casa, meu amigo, confidente e motivo de orgulho, meu querido filho Jeffrey.

Ao meu querido Lemmy, alegria da nossa casa, autor da capa da edição deste livro publicada na Turquia.

À minha querida mãe, a queridinha da nossa família. Eu nem imagino como seria a minha vida sem ela.

À minha primeira parceira na vida, mais preciosa do que a minha própria vida, a minha querida irmã mais velha, Sirin.

À minha querida amiga Füsun, que sempre me apoiou durante a redação deste livro, com sua cooperação, e a quem sou profundamente grato por ter surgido em minha vida.

Ao meu editor, Ahmet, que me deu a assistência necessária para que eu publicasse este livro, que levei três anos para escrever.

À querida Kolet, que me deu todo o apoio de que eu precisava e que foi a razão deste livro.

À minha querida prima Izzet, que me deu a luz para que os meus sonhos se tornassem realidade.

À minha travessa cachorrinha Blacky, que me inspirou o melhor de todos os sentimentos e foi uma grande fonte de felicidade.

E à minha querida Mandy, com os seus olhos de gazela, minha amiga, meu bebê e quem eu sempre guardarei no coração e nunca esquecerei enquanto viver.

Muito obrigada a todos.